中 外 财 经 史 研 究

中国会计年度起讫日期的国际接轨路径研究

STUDY ON THE INTERNATIONAL INTEGRATION PATH OF THE CHINESE FISCAL YEAR-END

李哲 著

中国财经出版传媒集团

经济科学出版社
Economic Science Press

·北 京·

图书在版编目（CIP）数据

中国会计年度起讫日期的国际接轨路径研究/李哲
著．--北京：经济科学出版社，2025.2
（中外财经史研究）
ISBN 978 - 7 - 5218 - 3198 - 6

Ⅰ．①中…　Ⅱ．①李…　Ⅲ．①上市公司 - 会计制度 -
研究 - 中国　Ⅳ．①F279.246

中国版本图书馆 CIP 数据核字（2021）第 248425 号

责任编辑：王　娟　李艳红
责任校对：齐　杰
责任印制：张佳裕

中国会计年度起讫日期的国际接轨路径研究
ZHONGGUO KUAIJI NIANDU QIQI RIQI DE GUOJI JIEGUI LUJING YANJIU
李　哲　著
经济科学出版社出版、发行　新华书店经销
社址：北京市海淀区阜成路甲 28 号　邮编：100142
总编部电话：010 - 88191217　发行部电话：010 - 88191522
网址：www.esp.com.cn
电子邮箱：esp@esp.com.cn
天猫网店：经济科学出版社旗舰店
网址：http://jjkxcbs.tmall.com
北京季蜂印刷有限公司印装
710 × 1000　16 开　13.75 印张　210000 字
2025 年 2 月第 1 版　2025 年 2 月第 1 次印刷
ISBN 978 - 7 - 5218 - 3198 - 6　定价：56.00 元
（图书出现印装问题，本社负责调换。电话：010 - 88191545）
（版权所有　侵权必究　打击盗版　举报热线：010 - 88191661
QQ：2242791300　营销中心电话：010 - 88191537
电子邮箱：dbts@esp.com.cn）

前　　言

从理论重要性上看，作为现代会计的一项基本前提，会计分期前提在发挥财务报告功能、达成财务会计目标和保障会计信息质量方面起到了重要的作用，是会计核算工作的前提。如何确定理想的会计年度起讫日期历来是会计学家们关注的重点问题，也是会计计量中争论较多的问题之一。从现实重要性来看，世界主要经济体和中国的会计年度模式存在差异——世界主要经济体在政府指定参考标准的基础上允许企业自由选择会计年度起讫日期，从而和财政预算年度脱钩；我国《会计法》和《企业会计准则》规定统一采用1月1日至12月31日的历年制会计年度，和财政预算年度高度一致。在会计准则国际趋同的背景下，如何协调我国和世界主要经济体之间的会计年度模式差异成为会计基础理论的重要研究话题。近年来，多名来自注册会计师行业的政协委员公开呼吁我国立法机构和会计准则制定机构放开对企业会计年度的管制并放弃统一历年制会计年度模式。其呼声经新闻媒体的报道，受到了来自财务报告呈报者、财务报告审计者、准则制定机构以及财务理论研究者等社会多方的广泛关注。

放弃统一历年制会计年度模式的理论依据是否充分，逻辑基础是否坚实，是否为会计报表编报和使用带来了不良经济后果，自由起讫日期模式下生成的会计信息是否显著优于统一历年制会计年度模式等问题一直未有定论。本书认为，在肯定自由起讫日期模式所存在的优点的同时，也应结合我国的政治制度特点和民俗文化特色层面因素来客观评价这种会计年度模式在我国的适用性，并认识到其局限性；要结合我国经济社会发展的"新常态"，来甄别适合我国的会计年度模式，而非一味迎合国际会计准则制定机构；要结合会计发展历史和会计准则演变进程，正视统一历年制会计年度模式在我国经济持续快速增长中起到的历史性作用，从而在扬弃中充分融合两种会计年度模式的优势，找到优化我国企业会计年度模式的稳妥路径。

从国内现有文献来看，尽管一些国内学者已经从问卷调查和个人访谈等研究方法入手，针对我国统一会计年度政策下的利益相关者反馈情况进行了不少调研，但这些研究主要还是从静态视角展开讨论，未能从时间维度上去识别、分析公司支持或反对既有会计年度政策背后的驱动力量和约束力量。基于此，本书试图对中外会计年度模式之争的理论评价基准进行系统梳理和阐释，并结合我国会计准则国际趋同背景，运用理论分析、实证检验、问卷调查和调研访谈等方法，从多个角度分析坚持或改革当前统一的历年制会计年度模式将对财务呈报的利益相关者造成何种影响，以求探寻中国会计年度模式的优化路径。

通过理论推理与实证考察，本书的主要结论体现在以下几个方面。

第一，在哲学社会科学体系中，"前提假设"源于对已知的理解而抽象于实际，然而会计理论的假设体系却源于报告主体在正常运行的过程中存在诸多对未经确切认识或无法正面讨论的现象，且会计学者由于受实用主义的影响而对会计假设的表述存在局限性。我们从源头对会计分期前提的理论假设进行了梳理和辨析：一方面，我们从财务报告基本功能、财务会计目标以及会计信息质量体系三个层面对会计年度模式确立了评价基准，即立法者和准则制定机构应坚持从反映企业财务状况和经营成果的财务报告工作本质出发，而非刻意迎合所有利益相关者的动机；另一方面，我们考察了政府在规划指导性会计年度的考虑要素，从会计制度弹性出发研究了会计分期规则范式，基于一般化和特性化的辩证关系，探究我国一直以来对企业会计年度进行统一规范的理论基础。

第二，通过对世界主要国家和地区的法定会计年度起讫日期进行归纳和梳理，我们按照是否受政府严格管制、是否契合财政预算年度以及是否等同于公历年度，总结出八种基本会计年度模式。其中，我国目前采用的是高度统一且契合财政年度的历年制会计年度模式，尤其是高度统一特征使境内企业会计呈报模式与世界主要经济体之间存在较大差异。相比之下，西方主要发达国家和地区的指导性会计年度起讫日期多为以 3 月末或 9 月末为截止日期的"跨年制"，且允许企业在实际运用过程中根据企业的实际经营周期、行业特点、经营状况和收付习惯，灵活地选择会计年度起讫日期。由于我国和这些经济体的政治体制和历史习惯并不一致，所以在会计年度模式上一直未予统一。

第三，为获取实务界和理论界关于我国统一会计年度起讫日期运用现状的评价和看法，及其对自由会计年度起讫日期改革的展望和预期，我们综合采用问卷调查和个别访谈的形式，对包括财务报告呈报方、财务报告审计方、财务报告外部使用方进行调查研究。我们发现高度统一的历年制会计年度对财务报告审计方的影响较大，与来自财务报告呈报者的调研结果存在明显差异。多数被调查的财务报告呈报者并不认为高度统一且契合财政年度的会计年度模式对企业造成了不可接受的负面冲击，而恰恰是历年制安排迫使春节长假打断了年报的准备期间而降低了会计信息的及时性。相比之下，财务报告审计者普遍认为集中审计确实在一定程度上增加了审计人员的工作负荷和企业财务报告的复核难度并使得质量标准降低，但并不会导致审计工作出错可能性加大，更不会导致关键审计程序无法执行。

第四，我们通过对赴港/海外上市的中资民营企业的准自然实验，发现即便处于自由起讫日期环境且被赋予自由选择起讫日期的权利，总体上过半的样本公司仍然倾向于保持既有的历年制不变；如果营业周期的低谷适逢政府指导性会计年度的起讫日期，则赴港/海外上市的中资民营企业更愿意采用政府指导性会计年度；相比规模较小的中资民营企业而言，规模较大的样本企业更愿意坚持历年制会计年度；相比注册地位于境外的样本企业，注册地仍在中国的民营企业更愿意坚持历年制会计年度；随着文化距离的拉长，单纯赴港/海外上市企业坚持历年制会计年度的意愿减弱，契合上市所在地政府财政年度的动机增强。

第五，我们进一步在自由起讫日期环境下考察单纯赴港/海外上市的中资民营企业所选择的会计年度模式对财务报告呈报方和审计方各有何影响。一方面，我们发现契合上市地财政预算年度的样本公司有着更高的财务呈报质量，坚持历年制会计年度的样本公司次之，自由选择其他会计年度的样本公司最差。说明即便赋予企业自由选择会计年度起讫日期的权利，企业也未必能够根据自身实际情况选择合适的起讫日期以提升财务报告的质量。另一方面，我们发现自由选择其他会计年度的样本公司的审计效率显著高于契合上市地财政预算年度的样本公司和坚持历年制会计年度的样本公司，然而这些自由选择其他会计年度的样本公司的审计收费和审计质量却无异于另两类样本公司。说明自由选择会计年度起讫日期的制度安排的确有助于会计师事务所提高业务拓展效率，但对降低财务呈报者的审计成本以及提高审计质量却没有实质性的帮助。

第六，我们运用层次分析法和熵权法相结合的优化组合权重对我国上市公司会计分期的八种可能模式进行了比较研究，结果表明理想的会计分期优序选择依次为：高度统一且契合财政年度的跨年制会计年度模式、自由选择且契合财政年度的跨年制会计年度模式、高度统一且契合财政年度的历年制会计年度模式、自由选择且契合财政年度的历年制会计年度模式、高度统一且脱离财政年度的跨年制会计年度模式、自由选择且脱离财政年度的跨年制会计年度模式、高度统一且脱离财政年度的历年制会计年度模式、自由选择且脱离财政年度的历年制会计年度模式。说明在我国特殊的社会主义市场经济体制下，契合财政年度的会计年度模式是符合国情的。但是，考虑到我国特殊的民俗节日以及我国财政年度起讫日期的改革趋势，历年制会计模式适宜向财政年度的改革方向进行贴近。

本书在一个制度比较的动态框架下，重新审视和检验我国的统一会计年度起讫日期，不仅有助于厘清会计准则国际趋同压力与我国特有会计年度模式脱节的现象，为学术界和实务界透视我国上市公司会计年度问题提供了一个新颖且完整的视角，而且对于我国立法机构和会计准则制定机构对企业会计年度模式的优化工作也都有一定的理论意义和实践价值。

目　　录

第1章

导　论

本章拟从现实经济问题和市场客观现象出发引出研究问题，进而介绍本书选题的理论意义与实践价值；对本书涉及的关键概念进行内涵界定，然后概括介绍本书选题的研究思路、研究方法及技术路线，最后梳理出本书的研究特色与主要创新点。

1.1　问题提出与研究意义

1.1.1　问题提出

从中国古代的农历年度到 1912 年恢复公历年度，中国的会计分期制度都与时代发展的需求相适应并在我国经济发展的过程中扮演了重要的角色。然而，国际财务报告准则（IFRS）自 2008 年国际金融危机开始受到各方面压力而进行了持续、重大的修订，对财务报告目标和实现手段提出了较大幅度的修改。在此过程中，我国会计准则制定机构虽然积极适应国际会计准则的变化，但 IFRS 的有关修订明显存在不适合我国国情的情况。

其中，会计年度起讫时间是争论最激烈但尚未向国际趋同的变革领域之一。当前，不少国家的会计年度起讫日期正从单一化步入多元化，我国在这种环境下坚持采用公历年度作为会计年度，承受了来自各界较大的压力。在以往的两会中，我国政协委员也提出改变统一会计年度起讫日期的议案，新闻媒体也随之纷纷撰文。当前，要求给予企业选择会计年度起讫日期权力的呼声越来越高，甚至有人认为历年制会计年度规定已无法适应当前形势下的新常态。

随之而来的问题就是，这种会计年度起讫日期的多元化趋势是否适用于我国？效仿世界主要经济体赋予企业自由选择会计年度起讫日期的决策是否对企业财务报表所反映的经营成果与财务状况产生了正面影响？目前仍然没有确切的结论。最近 20 年来，我国企业会计制度在国际趋同的背景下发生了深刻的转型变革。有目共睹的是，国际趋同推动了中国会计准则的发展，也带来了不可忽视的困惑和麻烦。慎重对待、有选择性地借鉴国际经验已经成为实务界和理论界看待会计准则国际趋同的共识。同理，在会计准则国际趋同的过程中，如果我们一味地追随效仿世界主要经济体自由会计年度模式而回避其弊端，将为我国会计准则的进一步完善带来巨大隐患，对企业与社会都将造成无法逆转的负面影响。今后，如何在会计准则国际趋同的过程中选择契合我国国家利益的会计年度模式，是会计准则制定机构和理论工作者必须面对和思考的现实问题。

1.1.2 研究意义

1.1.2.1 理论意义

会计年度起讫日期的选择（或会计年度期间的划分，下同）是一种人为设定的划分标准，因此具有天然的主观性。然而，划分会计期间却是利益相关者获知持续经营企业的阶段性成果的共同选择，因此又具有明确的必要性。更为重要之处在于，当今大量的会计难题产生于这种主观构建的会计分期概念。

一方面，会计年度的划分产生了定期报告的难题。在以"收入费用观"为主的相当长一段时间内，准则制定机构和财务呈报方关注的重点是会计期间内的收益确定，并期望将各个期间的收益切割清楚以达到精确计量的目的。

期间利润的计量成为会计人员最重要的任务之一，而划分会计期间是准确计量期间利润的前提。在这种追求精确的准则制定思路下，如何确保天然具有操纵报表动机的管理当局把会计期间起讫日期附近的损益进行合理地分配到不同的两个会计期间，就成了准则制定的难点。无论准则如何改进，企业在会计分期附近的收益划分始终难以避免较强的主观性，因此期间内会计收益的精确计量变得既没有必要，也没有可能。从 20 世纪 70 年代后，准则制定机构和财务呈报方更重视资产负债表所提供的信息，逐渐从"收入费用观"转变为"资产负债观"。在这种新观念下，会计分期催生出的资产负债表日又变成了大家关注的重点——无论会计年度起讫日期选择哪个月份，以公允价值模式计量的资产都需要在资产负债表日进行重新计价。这种频繁在会计期间结束时进行资产重新计价的行为使得两种计价模式的差异越来越大，甚至成为诱发金融波动的一大原因。

另一方面，会计年度的划分产生了定期财务报告使用方面的难题。虽然对于财务报告呈报者而言，划分会计年度以发布定期报告是必要的。然而，对于股东、债权人乃至财务研究人员，若想依据定期报告来了解企业经营状况并不容易。虽然准则制定机构不断地扩大定期报告的功能，强调其估值有用性和决策有用性，但结果却是超脱了实事求是的原则。其最重要的原因在于，财务报告和管理者的利益息息相关，管理当局有操纵财务报表的强烈动机，其非独立的身份决定了财务报告不可能具有真正的决策有用性。为了克服这种难题，只能要求使用者在阅读定期报告时采用"打通会计期间"的思维。虽然企业必须分期制定并披露财务报告，但是使用者却不应该局限于最近一次或两次的会计分期，而应该使用"回头看"的思路，将历史上若干年的财务报告进行纵向比较并综合解读。

综上所述，会计分期兼具主观性和必要性，更是一系列会计难题产生的根源。如果人为划分的会计年度不科学，不仅影响期间损益计量和期末资产计价，还会损害会计信息质量和披露的及时性，进而会制约使用者对财务报告的使用效率和效果，从而导致要素配置的扭曲。

1.1.2.2　现实意义

假如会计报告主体的真实经营活动如同会计基本前提所描绘的那样完美，

企业总能持续经营并保持平稳的经营过程，则如何选择会计年度起讫日期均能满足定期报告的需要。在这种情况下，会计年度模式与企业会计信息的生产过程无关，因而是不重要的。然而，由于经营周期的客观存在，如果财务报告呈报方因经营周期而难以及时、高效或低成本地进行年度结账，则不但可能阻滞企业的财务工作安排乃至正常经营活动，更可能威胁财务呈报工作乃至财务信息质量。受企业年度结账安排的影响，不合理的会计年度模式会影响财务报告审计方的工作效率和效果。因此，作为会计的一项基本前提，会计分期历来都是会计计量中争论较多的话题之一。

我国效仿世界主要经济体赋予企业自由选择会计年度起讫日期，但该决策的理论依据是否充分，逻辑基础是否坚实，是否对企业财务报表所反映的经营成果与财务状况产生了正面影响？目前同样没有确切的结论。随着实证研究浪潮的兴起，国内外探讨会计分期合理性问题的文献越来越少，使得会计分期的理论研究出现断层危机：一方面，在可以自由选择年报截止日期的国家和地区里，会计研究人员要么将其实证样本限制在 12 月截止的上市公司，要么将样本限制于非 12 月截止的上市公司。实际上，自由年度起讫日期环境下的学者在进行实证研究的过程中，对样本的删减行为本身就说明了这种制度安排存在隐性的弊端。国外学者多关注会计年度起讫日期的选择依据以及会计年度起讫日期更换决策所带来的经济后果。另一方面，从现有的国内文献看，我国会计学者对会计年度起讫日期改革的动机和重要性的研究已经十分丰富，但多是从政策建议角度提倡"改变现状"或是"维持现状"。由此可见，对于我国会计年度起讫日期的选择问题是存有争议的。正因为国内学者没有考虑到制度及制度演进对会计系统最终产品的影响，其研究结论的适用性可能较为片面，尚缺乏系统性和证据支持。

在我国市场经济体制尚未完全建立时期，机械地引入自由会计年度起讫日期作为国际趋同的重要工具，可能承载着控制性大股东对制度蕴含机会的利用和对制度风险规避的策略动机和机会主义行为。因此，从制度环境、制度演进的视角对潜在的会计年度起讫日期改革的形成机制和内在动因加以解释，不仅能够揭开会计分期改革过程中的利弊，也可以为我国深化会计准则国际趋同的过程提供合理性建议。

综上，虽然国内外极少有实证研究考察最佳会计年度起讫日期和会计信息质量的关系，然而会计年度起讫日期作为财务报告的一个核心要素，对会计分期的讨论将对会计理论研究产生非常重要的实践意义（Kamp，2002）。

1.2 研究内容与研究目标

作为会计基本前提之一，会计分期并不直接涉及企业真实经营活动，但为什么会影响企业的结账工作呢？国外自由年度起讫日期的制度背景下，企业如何适应或操纵准则赋予的会计年度选择权？在我国，企业到底该如何正确审视当前会计准则全面国际趋同的趋势？是继续坚持现有的统一会计年度政策，还是要求准则制定机构赋予选择会计年度的权利？

本书拟梳理会计年度起讫日期的理论基础并厘清会计年度起讫日期的评价标准，在此基础上系统评价当前我国统一会计年度起讫日期所带来的优势和弊端，以期为政策制定提供相关依据。我们探讨的出发点在于如何划分会计期间才能使会计账户信息更为恰当地形成会计报告信息，进而提高内部管理的效率以及对外呈报的质量。一方面，合理的会计年度截止日期应契合企业的生产经营情况，避开繁忙的经营高峰时期，腾出充足的时间尽快汇集整理投资者所需信息，缩短企业年报的编制时间，进而提高会计信息的相关性和及时性；另一方面，合理的会计年度截止日期应兼顾企业和审计师的配合，以更低廉的审计费用调配更多的优质审计资源，进而提高会计信息的可靠性。由此可见，合理的截止日期有利于信息使用者作出正确的判断和决策，有利于审计机构和财政信贷部门工作的开展；不合实际的会计年度也会影响企业报表的编制质量，降低会计信息的及时性、可靠性与相关性等会计信息质量要求。

既然企业合理的会计年度显著影响会计信息特征，一个重要但尚待解决的命题便是，强制统一的会计年度是否以及如何影响会计信息的质量？会计年度起讫日期的多元化趋势是否适用于我国？如果允许企业自由选择会计年度起讫日期究竟是利大于弊还是弊大于利？本书拟聚焦会计系统的运行效率和效果，对会计年度起讫日期的理论依据与逻辑基础进行系统梳理和深入剖析，并结合我国的会计制度变迁背景，运用理论分析、实证检验、问卷调查和调研访谈等方法，评价当前我国统一会计年度起讫日期管制约束的合理性，并从多个角度考察不同会计年度模式在中国上市公司的适用性。借此，促进会计假设理论的完善，并为我国会计分期的持续优化和指导性政策的制定提供相关依据。

1.3 相关概念的界定

1.3.1 会计分期概念的内涵和外延

会计分期将一个企业持续经营的生产经营活动划分为一个个连续的、长短相同的期间，以便分期结算账目和编制财务会计报告（Littleton and Zimmerman, 1962）。从分类上看，会计期间通常分为年度和中期。会计年度期间可以被视为狭义上的会计分期，在这种分期模式下产生的财务会计报告体现了一个完整会计年度的经营成果及这个完整会计年度末的财务状况。会计中期的概念基于年度期间，一旦年度期间得以确定，则半年度、季度还是月度期间及其起讫日期通常通过自然等分的方法得以确定。因此，本书所论述的会计分期主要指的是如何划分会计年度期间以及如何确定会计年度的起讫日期。

我们由会计分期的内涵推演出四类外延。

其一为会计分期的概念外延。会计年度理论上是会计分期概念的产物，是以年度为单位进行会计核算的时间区间以及反映企业财务状况、经营成果及现金流量信息的时间界限。因此，会计年度是会计分期在概念方面的外延。

其二为会计分期的应用外延。目前被公认的财务会计四项基本前提实质是财务报表的基本前提，且只有财务报表系统已经形成了较完善的理论体系和方法体系。虽然财务报告也是分期披露，但是除财务报表以外的其他报告系统还没有形成较成熟的理论和方法体系。因此，财务报告的分期模式是财务报表的分期模式模糊性的应用外延。

其三为会计分期的理论外延。企业的经营成果只有到经营活动全部停止或企业破产清算时才能最终准确地确定，此时企业提供的财务报告才具有精准性。但在现实方面，会计主体的经营活动何时停止很难确定。会计分期概念在这种客观环境下应运而生，旨在帮助会计信息使用者在一个较短的时间内及时了解企业的经营状况和财务状况，并和其他经济体进行对比。由此，会计分期的概念的重要性就源于我们对及时获取经营成果信息并在对比中予以评价的主观需求。因此，及时性和可比性的会计信息质量要求是会计分期概念在财务会计理论方面的外延。

其四为会计分期的政策外延。我们将会计分期的内涵和外延进行综合性分析，可以推知立法者和准则制定机构指定法定会计年度的政策外延。如前所述，假如存在理论上完美的会计假设体系，并且会计报告主体的真实经营活动如同会计基本前提所描绘的那样完美，即持续保持平稳的经营以在每段较短的时间内向使用者提供定期报告，那么如何选择会计年度模式（即确定会计年度起讫日期，下同）与企业会计信息的生产过程无关，因而是不重要的。但在现实中，企业即便持续经营但仍然面临经营周期的客观影响。由于经营周期的普遍存在、长短不一，且波峰波谷频率不一，财务报告呈报方和审计方若要及时、高效或低成本地进行年度结账及年度审计，则必须选择形态各异的会计年度模式。然而，这种"个性化"的"理想"安排如果缺乏健全的监控制度，则会因为财务呈报者的滥用而给宏观社会经济的持续健康发展带来挑战。在这种理论和现实不一致的冲突背景下，迫使立法者和准则制定机构站在"通用性"的立场上为整个社会的企业制定一套相对适合的会计年度起讫日期制度，从而在全局上满足大多数企业的年度结账需求。

1.3.2　会计分期与持续经营的关系辨析

会计分期作为财务会计的四个会计假设之一，与其他三个会计基本前提相辅相成并具有独立的地位。在"持续经营假设"上，分期的主要目的就是将初始会计信息转化为财务报表信息，而把企业营业周期划分为标准会计核算区间，进而对初始账户进行再分类。期间分配问题既是"持续经营假设"的延伸，又是一个会计年度起讫的时间概念。人为地分割会计年度的本质即意味着承认经营行为是一项需要资本连续性投入的事业。那么，在"持续经营假设"上，如何延伸并确定"会计年度起讫的时间概念"？这就成为一个颇受争议的话题。总之，分期依赖于持续经营，是持续经营的附带假设的观点显然是站不住脚的。

1.3.3　会计年度、预算年度和财政年度的概念辨析

与会计年度概念高度相关的概念为财政年度。财政年度也被称为预算年度，是执政机构在编制其经费预算时规定的收支起止期限，通常为一年，它是预算和执行所应依据的法定界限。预算过程周而复始，从预算准备到预算执行，再到预算评估、审计和报告，构成一个完整的预算周期，即一个预算年度。传统观念上，我国学者将财政年度、预算年度和会计年度视为一体，大多认为这三者都是国家或地区以法律规定为总结财政收支和预算执行过程的年度起讫时间。从财政角度看，称为"财政年度"；从预算角度看，称为"预算年度"；从会计角度看，称为"会计年度"，因此这三者应当是一致的。本书中，为了区别于财政年度和预算年度，我们选择了企业会计准则中规范的"会计年度起讫日期"作为考察对象，并力求与"财政年度"以及"预算年度"的概念区分开来。

1.4 研究方法与结构安排

1.4.1 研究方法

本书为系统分析和回答"中国上市公司需要什么样的会计期间"以及"会计期间的政策改革应当考虑什么样的因素"这两个问题，主要采用了规范研究、文献研究与实证研究相结合，归纳法与演绎法相结合的研究方法。

本书的第 2 章主要采用规范研究方法，从哲学社会科学的假说体系出发，基于财务报告基本功能、财务会计目标、会计信息质量要求以及会计制度弹性的相关理论，对会计分期的理论基础进行阐发，夯实本书的立论基础；第 3 章主要采用文献研究方法，对国内外关于会计分期的模式差异进行剖析，并对我国会计年度起讫日期的制度演进予以梳理，归纳出国内外会计年度起讫日期存在差异的根源；第 4 章主要通过问卷调查和个别访谈的研究方法，分别考察来自财务报告呈报方、财务报告审计方以及财务报告外部使用者关于会计年度截止日的看法，然后对实务界关于会计年度的反馈进行统计分析，以获取关于会计年度模式对微观影响的一些证据；第 5 章至第 7 章主要采用实证研究方法，先以单纯赴港/海外上市的公司作为样本，使用描述性统计、相关性分析、多元回归模型等方法，分别考察了会计年度模式选择行为的影响因素，以及不同会计年度模式在财务呈报质量以及审计工作效率和效果两方面的经济后果，进而对结论加以归纳总结，回答中国上市公司会计分期现状和变化趋势这一问题。本书的数据分析采用 SAS 9.3 和 Stata 14.0 进行处理。

1.4.2 研究框架

本书的研究框架如图 1.1 所示。

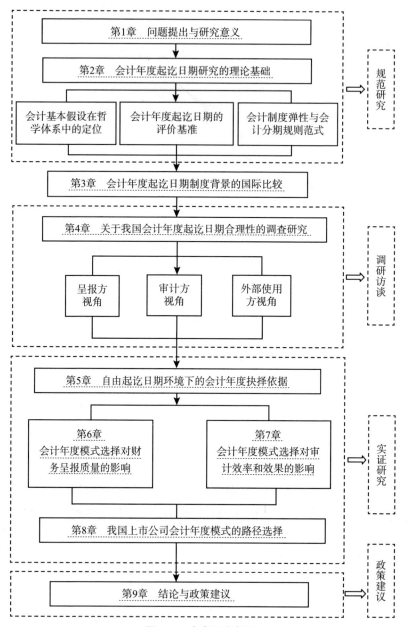

图1.1　本书研究框架

1.4.3 结构安排

本书总共分为九章，各章的具体结构安排如下。

第 1 章为导论，对全文起到了引导和概括的作用。该部分从阐述文章理论和现实意义出发，从问题导向的角度提出了本书的研究内容和研究目标，并明确界定了研究问题和相关概念、分析介绍了本书的研究方法和结构安排，进而阐发了本书的主要创新之处。

第 2 章为理论基础，为全书奠定了立论之基础。该部分首先从财务报告的基本功能入手，回答了用于会计年度起讫日期的评价标准应当如何设定；继而从会计的受托责任目标与决策有用目标的理论角度，回答了会计信息质量特征如何提升的问题。从信息需求和信息供给两个层面，整合会计年度起讫日期研究的应有架构。

第 3 章为制度背景，为全文提供了详实、全面的制度背景介绍。该部分仍沿用第 2 章的分析思路，对既有文献进行了爬梳洗剔，一方面归纳了主要国家和地区法定会计年度起讫日期的变革趋势，并从横向上与我国统一历年制会计年度进行对比；另一方面梳理了我国会计年度起讫日期规定的历史演进，从纵向上阐释我国采用统一历年制会计的历史背景。继而将会计准则趋同对我国会计年度模式所施加的压力与我国优化会计年度模式的阻力进行结合分析，为实地调研和实证研究的设计作铺垫。

第 4 章为基于问卷调查和个体访谈的会计年度起讫日期调查结果，为后文的研究提供了逻辑修复基础上的技术支持。该部分分别详述了财务报告呈报者、注册会计师、准则制定机构、政府部门关于会计年度起讫日期规定和改革的相关意见和建议，用于后文的实证分析。

第 5 章是自由起讫日期环境下的会计年度决策依据。我们以单纯赴港/海外上市的民营公司为样本，探究自由起讫日期环境下的微观经济个体将如何选择适应于自身的会计年度。该部分实证检验了中国经济主体在自由起讫日期环境下的行为方案，模拟了会计年度改革背景下的经济后果，检验了制度环境影响报表主体行为的路径和方式。

第6章和第7章分别检验了自由起讫日期环境下的财务呈报质量和审计工作效率。我们在这两章中同样以单纯赴港/海外上市的民营公司作为样本，探讨了中国会计年度的制度变迁对于财务呈报者和审计人员行为的影响，分别从会计制度变革和法规变迁的角度，检验了制度变迁影响微观主体行为的效力和效果。

第8章运用层次分析法和熵权法相结合的优化组合权重对会计年度模式进行比较式研究，客观地对八种基本会计年度模式进行排序。评价体系的建立和评价结果的启示对中国会计年度模式的优化路径构建具有重要的引导作用。

第9章为研究结论与政策建议，对全书进行了归纳和拓展。该部分在全书研究的基础上提出了结论、启示和政策建议，指出了本书可能存在的研究局限以及未来的研究方向。

1.5 研究创新与学术贡献

本书可能的创新与学术贡献主要体现在以下几个方面。

第一，本书比较详尽地描述了世界主要国家会计分期制度实施现状和发展趋势，首次从制度环境和制度变迁的角度，系统、深入地考察了中国上市公司会计年度问题的合理性问题。不但采用调研访谈的方法获取不同利益相关者从多个角度对不同会计年度模式评价的一手资料，更借助准自然实验对会计年度模式的抉择依据和经济后果进行系统性研究，克服了以往单一视角研究的局限性，拓宽了会计年度研究的视野。

第二，关于会计基本前提经济后果的文献往往通过考察会计年度起讫日期与业绩指标的关系，选取某个侧面作为研究角度，建立会计年度起讫日期与企业会计行为的逻辑关联，但这种逻辑关联存在着严重缺陷。为了全面、深入地考察上市公司会计年度起讫日期的效率和效果问题，本书系统、深入地梳理和剖析会计年度起讫日期的理论依据与逻辑基础，有助于全面、深刻地认识财务会计中会计分期前提所扮演的角色，有助于我们厘清会计年度起讫日期与企业会计行为的逻辑关联缺陷的根源。正是由于我们以会计报告的目标作为考察的出发点，抓住会计年度问题的最终目的，从技术上修复了会计年度起讫日期与会计目标之间逻辑关联链条断裂的问题，有助于增强研究结论的可靠性，使得本书的论据具备更强的证明效力。

第三，当前国际会计准则制定机构美国财务会计准则委员会（FASB）和国际会计准则理事会（IASB）在财务报告概念框架中允许企业选用合适的会计年度起讫日期，并允许其根据自身实际情况来对既定日期进行调整。在国际趋同的导向下的中国会计准则该如何解决世界主要经济体国家自由起讫日期和我国统一起讫日期的模式冲突，鲜有文献进行系统论述。有限的文献在讨论中国会计年度起讫日期趋同的问题上，缺乏对于会计分期制度设定和变迁的全面考察和评价。本书从会计年度问题上得到的一系列研究发现为准则制定者提供了一种现实环境下的会计信息分辨角度，不但可以为我国上市公司会计分期制度的进一步完善和有效实施提供理论支持和经验证据，更为我国未来的会计概念框架优化和会计准则国际趋同提供了方向性的建议。

第2章

会计年度起讫日期研究的理论基础

2.1 引 言

会计基本前提是整个概念框架构建的基础，因此会计基本前提制定是否科学将极大地影响会计实务工作效率和学科前进方向。会计期间是人为划分的，因此也就称为一种"假设"。然而，会计基本前提是否真的犹如哲学假设一样恒定不变且愈加成熟？尚没有会计学者愿意投入时间对其进行科学的论证。尤其是自实证会计理论创始以来，本领域的学者长期忽略了对经济理论赖以奠基的假设进行理论检验，而过多地依靠档案式研究所提供的经验证据。我们熟知的四项传统会计基本前提由于不具有话题新颖性而被当前流行的实证会计研究所忽略。

会计分期前提在应计制会计中有着重要的地位，合适的会计分期模式有利于提高会计计量的准确性，具体情况如图 2.1 所示。在会计主体观的逻辑框架下，会计首先应着眼于企业作为一个生产性经济单位，提供与特定企业经营活动有关的相关信息，也就是说，会计负责对占据企业经营活动很大一部分的与其他企业的交换交易进行定量描述。因此，会计的基本主题就是交换活动中所包含的可计量成交因素，尤其是那些与获取服务成本、费用和提供服务收入、收益有关的交换活动（Paton and Literton，1940），会计收益也就成为会计系统的主要产品。

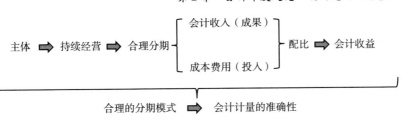

图 2.1　会计分期前提在应计制会计中的地位

　　而作为传统意义上的会计假设之一，会计分期会直接或间接地影响会计收益的确定。在我国出现关于统一会计年度起讫日期的争论以后，会计分期前提的理论评判标准成为大家普遍关心的话题。然而，有关起讫日期有效与否的评价标准并没有得到系统研究，存在较强的片面性。既有研究往往是通过验证中国统一会计年度起讫日期管制中的某一方面后果，得到是否应当对会计年度起讫日期进行规定的片面证据。本书依托会计基本前提的理论体系，通过将会计信息特征纳入会计年度起讫日期的研究框架，融合上述两种看似矛盾的评价标准，初步拟定了会计年度起讫日期的评价基准。

　　由于本书的研究重点是会计年度模式及其生成的信息对企业利益相关者决策的影响，下面的理论基础阐述仅限于与本主题直接相关，具体包括以下几个方面：会计基本前提在哲学体系中的定位、会计年度起讫日期的评价基准、政府指导性会计年度的规划要素、会计分期规则范式与会计制度弹性。

2.2　会计基本前提在哲学体系中的定位

2.2.1　会计基本前提在哲学社会科学体系中的地位

　　在哲学社会科学体系中，"前提"和"假设"是理论存在和发展的基石。用于构建理论体系的前提假设如果存在不合理之处，势必会动摇理论体系的根基。正是由于"理论前提"在哲学社会科学体系中的基础性，关于其的论证对社会运行和学科发展而言必不可少。我们参考前人的相关著述，在哲学社会科学的大框架下，对会计学范畴的"前提假设"进行研究。马克思主义哲学基本认同"前提假设"应当具有六个一般性的基本特征：其一，前提假设不能直接得到自我验证；其二，前提假设是推论其他具体理论的基础；其三，前提假设是建立任何理论结构的基础；其四，前提假设面临知识更新、社会变迁和结构调整的挑战；其五，前提假设体系的内部要素之间必须内在逻辑一致以持续不断地化解内部矛盾；其六，从前提假设中足以支持或推演出以假设为依据的术语和定理。总之，哲学社会科学范畴中的广义前提假设倡导持续的检验，通过不断地寻找证据来确保其有效性。

具体到会计学科的发展和会计理论的构建，其运行和发展均依托于会计基本前提（又称会计基本假设或会计基本假定）。从理论上讲，会计基本前提体系源于报告主体在正常运行的过程中存在诸多对未经确切认识或无法正面讨论的经济事物和会计现象。相比哲学社会科学中的其他领域，会计基本前提的主要服务对象是价值相关的经济信息，而价值的确定和计量具有高度不确定性。正是由于会计从业人员难以将会计环境中的不确定性进行精确化，才不得不人为设定一系列构成会计运行的基本前提。

由于受实用主义的影响，会计学者对会计基本前提的表述存在局限性。随着时间的推移，目前大多数会计学家认为财务会计必须受到四条基本前提的约束，即会计主体假设、货币计量假设、持续经营假设、会计分期假设。然而不可否认的是，这种设定仅是源于对实用主义的总结。

2.2.2　会计分期在会计基本前提体系中的地位

会计基本前提应当以一种什么样的方式（明确的或隐含的）被纳入财务会计概念框架？这是美国财务会计概念框架的问题，亦是 IASB 和 FASB 联合概念框架不容回避的问题，当然也是一个规范研究的关键问题。

由于会计程序委员会（CAP）未能构建起内在逻辑一致的会计准则体系，会计原则委员会（APB）取而代之，并为了强化会计基础假设的研究，成立了由专家学者组成的会计研究部，通过理论研究、发表会计研究论文集来支持并发展官方会计准则。其认为应当以会计原则为出发点来持续优化会计假设——"假设是为数较少的，但它是建立基本原则的基础"。因此，公允的会计原则应当在科学的假设基础上，基于科学假设的会计原则才可以作为解决实务中具体问题的参考框架。

具体而言，应首先研究作为会计原则基础的基本会计假设（basic postulates）和建立在基本前提之上的一系列"公允的、广泛的、具有重要性的会计原则"。在该目标指引下，穆尼茨（Moonitz，1961）的 ARS No. 1《会计基本假设》和斯普罗斯与穆尼茨（1962）的 ARS No. 3《试论企业广泛适用的会计原则》相继出台，同样是指导准则制定机构开展财务会计概念框架研究的初始性工程之一。

为了构建内在一致的会计基本前提体系，穆尼茨深入地分析了经济、政治和社会环境及其对会计的影响，然后把会计基本前提分为 A、B、C 三个层次、共 14 项，如图 2.2 所示。其中，A 组为环境所衍生的基本前提，B 组为深入分析环境和现实会计存在的补充假设，C 组为使会计实现其职能的必要假设。ARS No. 1 提出的 14 项假设也是一个内在一致、相互关联的概念框架。从第一层次（A 层次）的"数量化"假设（它是基于有助于制定经济决策的需要）引发了第二层次（B 层次）的"财务报表"假设；从第一层次（A 层次）的"交换行为"假设引发了第二层次（B 层次）的"市场价格"假设；从第一层次（A 层次）的"时间分期"假设引发了第二层次（B 层次）的"暂时性"假设（由于进行会计分期，一个企业的经营成果总要在过去、现在和将来的期间分配）。

A组	B组	C组
A 1：数量化（Quantification）	B 1：财务报表（Statements）	C 1：连续性（Continuity）
A 2：交换（Exchange）	B 2：市场价格（Market Price）	C 2：客观性（Objectivity）
A 3：主体（Entities）	B 3：主体（Entities）	C 3：一致性（Consistency）
A 4：时间分期（Time Period）	B 4：暂时性（Tentativeness）	C 4：稳定单位（Stable Unite）
A 5：计量单位（Unit of Measure）		C 5：披露（Disclose）

图2.2　会计基本前提的层次架构

2.2.3 会计基本前提之间哲学逻辑关系存在的断裂迹象

随着时代的变迁，学者们发现会计基本前提之间的哲学逻辑关系存在断裂的迹象。在众多会计著作和教科书中谈到会计分期前提及会计分期与持续经营假设的关系时，均存在一定的片面性及逻辑不清的现象。如2007年开始实行的会计准则规定"会计核算应当划分会计期间，分期结算账目和编制财务会计报告"。不少文章和著作在引用这个规定时，一般就理解为会计分期前提，但随之认为，会计分期前提是持续经营假设的附带假设和逻辑结果，是持续经营假设的补充。

如果单纯地把会计分期前提理解成持续经营假设的附带假设和逻辑结果，那么便会有如下推论：企业的生产经营活动和投资决策要求及时的信息，不能等到歇业时一次性地核算盈亏。因此，就需要将企业持续经营的生产经营活动划分为一个个连续的、长短相同的期间，分期核算和反映。可见，其观点将持续经营假设和会计分期前提进行了高低排列，认为是先有了持续经营，才出现会计分期，会计分期是对持续经营进行人为的"等分"。会计分期是在持续经营的前提下，为了让外界及时了解企业信息的一种技术安排、一种附带假设。

如果将并列的两个假设进行高低尊卑的排位，那么这种界定混淆了两者之间的关系。其实，无论从历史发展脉络还是逻辑关系看，这一点都是"后此谬误"。因此，会计基本前提应该被从逻辑学层面予以重新审视。这一定义则存在"统一反复"的嫌疑，内涵贡献极其有限。

特别是随着资本市场的发展，控制权和经营权产生了分离，就产生了两个问题：第一，投资者（股东）希望他们的投入资本能得到保值，股份公司必须保证其资本的完整性，确保经营活动的连续性及其经济实力，从而使广大的投资者、消费者、公司雇员和其他有关人员避免因为资产的减少与收益能力的降低而蒙受经济损失。第二，对股东的分配不再是人们所熟悉的分配资产和利润的方式，而是采用定期支付股息的方式进行。这两个问题均导致了对会计的进一步要求：一方面要精确地对资本资产进行定期分析计价，以确保资本保值；另一方面要明确区分资产和费用，公司的收入应与一定期间产生收益的成本联系起来，即通过期间配比原则来分期确定利润，以保证定期从本期收益和累计收益中发放股利。从此，定期进行资本资产计价和利润核算就成了会计人员日常的主要工作，从而产生了更接近现实的会计实务。可见，并不是由于企业持续经营才产生了会计分期，而是将持续经营活动划分为一个个连续的、长短相同的期间以利于分期核算报告。

会计分期并不是从属于持续经营的一种技术安排，会计分期前提早就存在，它存在的原因是因为永久性资本被引入企业，对资本保值和定期支付股息的要求导致了会计分期的缩短和定期化。尽管非持续经营企业越来越多，然而在合理的预期下仍然要对资产进行定期计价，对利润进行定期核算，以向内部管理者和外部报表使用者及时披露企业信息，从而保证资本保值和股利发放。综上，会计分期前提存在的价值是使企业持续经营的假设成为可能，所以认为会计分期是持续经营的附带假设的观点站不住脚。

2.3　会计年度起讫日期的评价基准

2.3.1　会计年度起讫日期与财务报告的基本功能

确立会计年度起讫日期评价基准时必须以财务报告的基本功能为基石。决策有用观是国际趋同背景下财务报告希望实现的目标，但会计作为一种持续性的信息披露系统，在产生之初就是为了认定和评价管理者的受托责任，也即会计信息的公司治理作用。因此，受托责任观是财务报告本身应该实现并且实际可以实现的主要目标，而这项目标内在地要求准则制定机构对企业会计年度问题进行合理的规范，帮助企业在确保内部管理绩效得到持续提高的基础上匹配合适的会计年度。

会计计量中的期间分配问题直接关系到"真实核定资产状况"和"准确核算会计主体期间收益"两大会计目标的实现，但两大会计目标往往在期间分配中又存在此消彼长的矛盾性。在目前多数文献中，我们更多见到的是对期间分配中技术方法选择的探讨，但较少有研究对期间分配问题的理论基础进行深入探讨。本书从期间分配的基础——会计期间化、收入的计量与期间分配以及成本的计量与期间分配三个方面结合经典会计学家们的论述，从理论上对会计计量中的期间分配问题进行了深入探讨。

人为划分会计年度起讫日期的必要性源自会计分期前提。会计分期作为会计的一项基本前提，和财务报告的基本功能密切相关。分期的主要目的就是为了将初始会计信息转化为财务报表信息，而把企业营业周期划分为标准会计核算区间，进而对初始账户进行再分类的调整过程。正是出于精确计量当期努力成果并记录将来持续经营所能利用的资源的要求，逐渐形成了从非定期到定期的会计期间化核算的转变动机（Littleton and Zimmerman，1962）。作为现代会计的一项基本前提，期间分配问题历来都是会计计量中争论较多的问题之一。期间分配问题既是"持续经营假设"的延伸，又同时是一个起讫的时间概念（刘洪波，2010；蔡春，2005）。一个会计主体的经营成果，从理论上讲，只有到经营活动全部停止或企业破产清算时才能最终确定，并提供财务报告，但会计主体的经营活动何时停止，客观上很难确定。为了帮助会计信息使用者及时了解企业的经营状况和财务状况，有必要对连续不断的经营活动过程划分结算期间，以便在一个较短的时间内对其进行考核和报告，从而产生了会计分期的概念。

虽然会计作为经济信息系统的观点也被人们逐步接受，但是会计更是作为一项服务于企业内部管理，对管理层业绩进行评价的功能而存在。20世纪对财务报告的编制由相对简单的活动逐渐演变为高度复杂的活动。因此，会计年度起讫日期的讨论应基于服务企业内部管理，兼顾对资本市场信息的传递。20世纪60年代，会计理论研究逻辑起点从会计职能、假设逐渐转变成会计目标。然而，简单以财务报告的目标为起点演绎推理构建财务报告概念框架，容易较多地考虑"我们希望财务报表应该起什么作用"，而较少考虑"财务报表能够起到什么作用"（戴德明，2012）。经营周期本身也是一种因企业而异的个性化特征，准则概念框架很难满足每个具体企业的结账时间需求。如果允许企业自由选择起讫日期，又很可能因"内部人"的私利动机而被当作操纵盈余的手段。

因此，探究会计年度起讫日期和财务报告基本功能的基本思路，首先在于如何选择合理的起讫日期使得财务报告反映企业过去一定期间的经济活动的结果，为使用者评价企业过去的表现提供可靠的基础与依据；其次才是考虑辅助功能，即如何划分会计期间才能为报表使用者评估企业价值提供参考。接下来，我们将探究会计信息的不同特质究竟如何影响会计年度起讫日期的评价。

2.3.2　会计年度起讫日期与财务会计目标

财务报告或许能够为潜在投资者的决策提供参考，因此会计年度起讫日期的选择将影响到潜在投资者对于会计信息的消化和理解能力。相对于潜在的投资者，我们更应当将目标使用者中的现有投资者作为设定会计基本前提的重要对象。由于现有投资者对于公司价值的评估具有特别诉求，因此财务会计的基本前提改革工作有必要评价会计年度起讫日期政策的变化对于财务报告的估值有用性产生的影响。

对企业经济业务的反映和监督控制本身就是企业管理活动的一个组成部分（杨纪琬和阎达五，1980，1982）。受托责任作为财务报告的目标由来已久（Chen，1975），财务报告目标应当着重反映受托者履行受托责任的过程，目的是受托者为了解除自身的经济责任，为利益相关者提供财务信息。受托责任目标引导下的财务报告的内容主要局限于已发生的历史性财务信息。财务报表的目标应当建立在评价受托经济责任观的基础之上，为企业外部信息使用者提供财务状况、经营业绩和现金流量情况的信息，而不能盲目追求过高的目标。

受托责任不仅是市场机制问题，更是公司治理问题和法治问题。受托责任不仅仅是法律意义上的问责，还在于受托责任本身意味着管理层恪守职责的操守（夏冬林，2015）。会计年度起讫日期合理与否影响着盈余信息质量，进而势必会影响到股东对于管理层契约义务的评价。因此，会计年度起讫日期将影响受托责任观的践行。从信息的需求角度来看，委托代理理论强调，信息在委托方（股东）和代理方（管理层）之间的分布是非对称的。在信息不对称的条件下，股东对于管理层努力程度的认知就有赖于其所能获得的有关管理层行为的信息。基于对管理层行为的认知，股东才能对企业资产的保值增值、获利能力、发展前景等作出判断，进而设计和调整激励方案，从而协调管理层的个人效用与企业的利润最大化、价值最大化目标相一致。会计信息作为股东和管理层共同享有的信息渠道，很大程度上起到了这样的沟通作用，股东借助于会计信息了解企业的财务状况和经营成果，实现对管理层的监督和激励。因此可以说，股东对会计信息在缓解信息不对称、考评管理层努力程度方面的需求，使得会计信息扮演了不可替代的重要角色。但是，不完备契约理论却认为，由于经济事项不确定性的广泛存在和经济人有限理性的固有局限，契约不可能穷举所有可能发生的事件及其对应的权利、义务。由于会计信息产生于不完备的会计契约（尽管政府的介入能够对通用会计规则进行强制性的要求，从而很大程度上减轻会计契约的不完备性，但企业仍保有对剩余会计规则的选择权），因而会计信息在激励契约中的评价作用被复杂化了——一方面，管理层的酌量处理原则为管理层操控会计信息提供了借口和途径；另一方面，外生于管理层努力程度的信息也可能被纳入会计信息的计量范畴——换句话说，会计信息能否降低信息不对称、满足股东了解和考评管理层努力程度方面的需求，成为一个存疑问题。

会计年度的起讫日期深刻影响着会计信息的形成，故而也影响着以"受托责任"为目标的财务报告在缓解两权分离导致信息不对称方面的功用。为了及时提供决策和管理所需要的信息，会计人员需要人为地在时间上把连续不断的企业经营活动及其结果用起止日期加以划分。因此，选择合适的会计年度起讫日，更有利于在评价受托责任时提供过硬的会计数据，服务于公司经济效益的提高。会计核算之所以要划分会计期间，其主要原因就在于：对于企业来说，生产经营活动都是持续不断发展的；为了发挥会计在管理经济中的积极作用，不能等到企业的全部生产经营活动都结束了，产品都销售出去，债务都偿还完毕，再进行会计处理，计算盈亏，编制会计报表。因此，必须人为地划分会计期间，分期反映企业的生产经营成果，才能使企业的所有者和经营者对经营情况做到胸中有数，进而随时发现问题并及时提出解决问题的措施。

现实中，很多企业的收付周期可能与日历年度不同。从企业组织会计核算的角度看，会计年度的划分应当尽量不割裂会计核算工作与其生产经营的内在联系。相反，不合理的起讫日期不仅增加了企业会计核算工作的复杂性，更会凭空在会计核算中增加许多人为的因素。

2.3.3　会计年度起讫日期与会计信息质量体系

首先，统一的起讫日期和多元化的起讫日期对公司最主要的影响在于公司之间的可比性（即横向可比）方面。中国从 1993 年开始实行会计制度改革，并于 2006 年 2 月颁布了与国际会计准则全面趋同的新会计准则体系，同时在基本准则中将可比性列为会计信息应具备的八项基本质量特征之一[①]。可比性在会计信息质量特征体系中虽不占据核心地位，但对于报表使用者理解公司财务信息而言却是必不可缺的。正是因为较好的可比性能帮助会计信息使用者比较两类经济现象之间的异同，所以我们必须在会计假设的提出和改革过程中充分考虑到可比性的损失。在强可比性的环境下，投资者或债权人可以从行业内其他公司获取目标公司经营业绩的附加信息，此时财务报表透明度增强，应计盈余管理更易于被发现。

其次，统一的起讫日期和多元化的起讫日期会影响公司会计信息的可靠性。可靠性要求企业应当以实际发生的交易或者事项为依据进行会计确认、计量和报告，如实反映符合确认和计量要求的各项会计要素及其他相关信息，保证会计信息真实可靠、内容完整。财务报告可靠性的保障之一在于审计工作的可靠性，而审计工作天然地要求审计师有充裕的时间对被审计单位进行充分的审计证据收集，并在财务人员的配合下按照审计程序逐步开展各项审计工作。如果选择不恰当的会计年度起讫日期，则会促使审计扎堆而降低审计质量。其原因在于，审计证据的可靠性受其来源和性质的影响，并取决于

---

① FASB（1980）定义的“可比性”是使信息使用者能够比较两类经济现象之间的异同的特性。我国财政部于 1992 年颁布《企业会计准则》（基本准则第十二条）对会计的可比性作了这样的表述："会计核算应当按照规定的会计处理方法进行，会计指标应当口径一致、相互可比"。

获取审计证据的具体环境。如果审计师希望从外部独立来源获取审计证据、评估生成财务报表的企业内部控制是否有效，则需要花费更多时间去获得。相比之下，如果通过间接获取或推论得出审计证据或仅仅获得口头形式的审计证据，则会对审计可靠性乃至对外财务报告的可靠性造成负面影响。此外，在不合理的会计年度起讫日期安排下，上市公司也可能趁机滥用主观判断和会计信息操纵，使得会计信息的呈报偏离实际。

最后，统一的起讫日期和多元化的起讫日期还会影响公司会计信息的及时性，进而影响到会计信息的相关性。尼什和多夫（Nishi and Dov，2008）指出优化财政年度起讫日期的一个重要目的就在于追求更佳的信息传递效果以及降低专有信息披露成本。合适的会计年度起讫日期可以帮助企业根据自身实际情况选择合适的会计年度，为年末结账、报表编制留足充分的时间。一方面，企业可以腾出充足的时间汇集整理投资者所需信息，进而提高会计信息的相关性；另一方面，企业选择合理的年报截止时间也能缩短相应的年报编制时间，从而可以提高年报报出的及时性。

相比之下，如果公司会计年度截止日期恰在生产经营的最高峰，则会给结账工作和会计信息生产环节带来困扰（贝克奥伊，2004）。从这个意义上讲，会计年度起讫日期的研究和讨论是管理活动论在财务会计中的一个表现。从会计信息的质量特征来看，在起讫日期上的硬性统一会使得部分企业会计核算的准确性受到影响，致使会计信息不能准确表述公司的盈利水平和盈利能力，从而不能准确地反映公司管理层的经营业绩和努力程度。

2.4 政府在制定指导性会计年度时的规划要素

2.4.1 影响指导性会计年度制定过程的宏观要素

世界各国会计年度起止日期的指导意见主要取决于本国国情、历史和传统习惯以及财政管理需要等因素，主要表现在六个方面：其一，立法机构会议召开的时间，以便在会议期间审议和通过预算法案；其二，年度开始正值税收旺季，以利于执行新的预算；其三，保持政府、税收、公司及国家的统计资料汇编年度的一致性；其四，适应农业种植和收获季节；其五，原属殖民地或附属国的国家，一般历史地沿用其宗主国的财政年度；其六，宗教因素。但是却鲜有文献研究我国会计年度起讫日期的决定因素，更鲜有文献对企业的选择意愿进行调查。

我国政府在制定指导性会计年度时，主要考虑的宏观要素包括如下三类。

其一为宏观经济管理体制因素。国家政策的制定首先旨在维护国家利益，因而政府法定/指导性会计年度的制定往往以基本政治制度为出发点（Du and Zhang，2012）。在社会主义基本政治制度以及建设具有中国特色社会主义的长期目标背景下，我国当前采用统一的历年制会计年度主要考虑与财政、税务、计划、统计等年度保持一致，从而便于国家宏观经济管理。在我国，企业会计和政府会计被视为一体，要求企业的发展规划、建设计划应与国家的大政方针保持高度一致，所以会计制度的改革往往和政府会计的改革同时进行。

其二为利益相关者的经营习惯和民俗文化因素。政府法定/指导性会计年度的制定需要兼顾最广大利益相关者的经营习惯和民俗文化。除此之外，一些经营习惯明显不同的经济体不宜作为政府指导性会计年度的主要制定依据。当前，我国统一公历年度和传统民俗文化还存在一定的差异。由于我国的春节恰处于会计年度截止日期之后，以及财务报告报出截止日之前，对会计人员、审计人员以及外部报告使用者产生了不一致的影响。

其三为经济发展方向的因素。自从我国加入 WTO 并着力发展外向型经济以后，加快国际化步伐并参与国际竞争成为顶层设计者在制定指导性政策方面的一项考虑因素。当前反对统一会计年度的相关人士，也主要是批评这种制度破坏了一些跨国公司会计年度起止日期的一致性，增加了跨国公司会计处理和经营管理的难度，从而制约着我国吸收引进外来投资。

2.4.2　影响指导性会计年度制定过程的微观要素

会计和审计学者站在提升会计信息质量的角度，赞成会计年度起讫日期

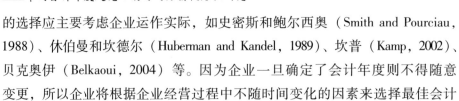

的选择应主要考虑企业运作实际，如史密斯和鲍尔西奥（Smith and Pourciau，1988）、休伯曼和坎德尔（Huberman and Kandel，1989）、坎普（Kamp，2002）、贝克奥伊（Belkaoui，2004）等。因为企业一旦确定了会计年度则不得随意变更，所以企业将根据企业经营过程中不随时间变化的因素来选择最佳会计年度起讫日期。

在可以自由选择年报截止日期的国家和地区里，早期的会计研究人员要么将其实证样本限制在 12 月截止的上市公司，要么将样本限制于非 12 月截止的上市公司。然而，1988 年以前并没有学者考察这种样本筛选方法的弊端。史密斯和鲍尔西奥（1988）首次比较了选择"历年制"和"跨年制"上市公司的财务特征，发现选择"历年制"的上市公司往往规模较大，而且贝塔系数更小。相比之下，规模小、贝塔系数较高的零售销售公司更倾向于"跨年制"。此外，他们发现杠杆比率并不会影响公司在"历年制"和"跨年制"之间的选择。几乎在同时，休伯曼和坎德尔（1989）也证实了史密斯和鲍尔西奥（1988）的发现，他们利用美国公司作为样本，证明公司规模越大则越有可能以 1 月 1 日作为会计年度的起始日。所不同的地方在于，史密斯和鲍尔西奥（1988）认为受到严格管制的垄断强势行业年报截止时间常集中在 12 月，但休伯曼和坎德尔（1989）并不认为行业因素会影响会计年度起讫日期的选择，他们认为公司规模和最佳会计年度之间的这种相关关系在所有行业中均一致。

还有一些国外学者崇尚采用自然营业年度作为会计年度，即以企业业务最清淡的月份作为会计年度结束月份。因为各个企业都面临固定的客户群和供应商，企业与其的收付款关系各具特点，形成不同的营业周期和现金周期（Callen et al.，1996）。当企业的经营周期和日历年度不一致时，以经营活动的最低点作为会计期间的终止点更有意义（Belkaoui，2004）。然而，坎普（2002）的实证研究否定了季节因素对于会计年度起讫日期的影响。

我国关于会计年度起讫日期的实证研究起步较晚，形式主要集中于规范式的分析论述，实证研究相对匮缺。马贤明和邓传洲（2005）首次通过问卷调查的方法考察了来自我国企业财务报告呈报者及审计师关于会计年度截止日的看法。他们的调查结果发现：影响会计年度首要因素是有利于企业会计结账工作，会计人员希望在最方便的时候进行会计年度的结账，譬如在存货最低时或在传统节假日前结账等；审计人员希望能够考虑到公司运转过程中的现金周期，因为应收账款的函证可能有一定的回收周期，为保证审计质量必须在报告日前回收函证。基于两人的调查，我们可以发现会计人员和审计人员均把存货周转和现金周转作为影响会计年度选择的关键因素。

2.5　会计分期规则范式与会计制度弹性

自由选择模式或统一管制模式的会计年度起讫日期涉及对于会计弹性的讨论。会计制度弹性涉及会计管制和会计行为两个方面，是学者们为了系统阐释会计规定和操作上的灰色地带而提出的一个概念。

在我国实行计划经济时期，会计制度的弹性相对较小，对于该问题重视不够。在会计准则国际趋同的过程中，域外会计制度的一些特点正逐渐显现出来，会计制度弹性越来越大（李帆，2014）。尽管国外学术界在会计制度方面已经初步建立起内在逻辑较为一致的理论框架，但这个框架尚不完善，甚至在基本前提方面约束松弛，正是这种会计制度方面日益增大的弹性带来了会计行为方面日益增大的弹性。具体到本书所研究的会计年度问题，美英等发达国家赋予企业会计年度起讫日期的自由选择权，相当于在会计分期的制度规定上存在较大的弹性。但是，由于财务报告呈报方天生具有操控报表的动机，其会在一定的管理层意图下来利用会计分期的制度弹性操纵报表。美英等发达国家基于较大弹性的概念框架所建立和发展起来的具体约束也比较松弛。相比之下，我国的会计年度截止日缺乏弹性，对会计行为弹性的制约作用也主要是通过法律法规予以约束。弹性下关于会计分期和收益确定、资产计价之间关系的逻辑推演可能无法有效或直接移植到我国，更无从对统一会计年度起讫日期下的会计信息生产现象进行合理的解释、预测和指导。

2.6 本章小结

在哲学社会科学体系中，"假设"是理论存在和发展的基石，源于对已知的理解而抽象于实际。然而，会计理论的假设体系却源于报告主体在正常运行的过程中存在诸多对未经确切认识或无法正面讨论的经济事物和会计现象，会计人员根据客观的正常情况或趋势所作出的合乎事理的推断。由于受实用主义的影响，会计学者对会计假设的表述存在局限性。随着时代的变迁，学者们发现会计基本前提之间的哲学逻辑关系存在了断裂的迹象，我们从源头予以了梳理和辨析。

一方面，我们从财务报告基本功能、财务会计目标以及会计信息质量体系三个层面对中外会计年度模式的对比和评价确立了基准，指出财务报告"通用性"的特点要求准则制定机构正视"我们希望财务报表应该起什么作用"以及"财务报表能够起到什么作用"的辩证关系。特别的，当前的改革呼声主要源自注册会计师行业，其仅为财务呈报和适用链条上的第三方。因此，立法者和准则制定机构应坚持从反映企业财务状况和经营成果的财务报告工作本质出发，而非刻意迎合所有利益相关者的动机。

另一方面，我们归纳了政府在制定指导性会计年度时的规划要素，从会计制度弹性出发研究了会计分期规则范式。提升至会计制度弹性的分析范式旨在从更宽阔视角阐述会计目标、会计假设、会计原则和会计年度模式选择自主权之间的逻辑关联，基于一般化和特性化的辩证关系，深入探究我国一直以来对企业会计年度进行统一规范的理论基础。经营周期本身是一种因企业而异的个性化特征，准则概念框架很难满足每个具体企业的结账时间需求，如果一味地强调扩大财务报告功能的外延则只能扩大会计制度的弹性，进一步被天然具有操纵报表动机的"内部人"所利用，被当作操纵盈余的手段。

本章主要结论可概括如下：会计分期前提与持续经营假设并行，虽然为财务报告的存在奠定了基础，但二者并行的理论关系存在明显的逻辑瑕疵；尽管决策有用观是国际趋同背景下财务报告希望实现的目标，但会计作为一种持续性的信息披露系统，在产生之初就是为了认定和评价管理者的受托责任。因此，受托责任观才是财务报告本身应该实现并且实际可以实现的主要目标，这项目标内在地要求准则制定机构对企业会计年度问题进行合理的规范，帮助企业在确保内部管理绩效得到持续提高的基础上匹配合适的会计年度。

第 3 章

会计年度起讫日期制度
背景的国际比较

3.1 引 言

会计假设的实用性色彩，注定其与哲学社会科学假设的稳定性存在差异，与其所依赖的社会环境是息息相关的，一旦其环境发生了变化，这些会计假设就将受到严重的挑战。本章拟结合社会经济变迁，系统梳理会计假设的制度演变，总结我国会计年度起讫日期的制度演进过程和主要西方经济体对于会计年度的管制要求：一方面从纵向上对比我国古代至近现代的会计年度起讫日期管制，另一方面从横向上对比我国和其他世界主要经济体在会计年度规范方面的异同。借此为后文实地调研、问卷调查和实证研究奠定坚实基础。

3.2 主要国家和地区法定会计年度起讫日期的变革趋势

3.2.1 法定会计年度起讫日期的分类与总览

从总体上进行分类，各国采用的会计年度可分为"历年制"和"跨年制"两种。其中，以公历起讫日期作为相关期间的称为历年制，每年 1 月 1 日起至同年 12 月 31 日止；以其他起讫日期确定的相关期间统称为非历年制、跨年制或财务年度制，又有"十二月制"和"52～53 周制"两种①。采用跨日历年度制的，一般以财政年度终止日所属的年份为该期间的财政年度名称，如 2015 年 10 月 1 日起至次年 9 月 30 日止，称为 2016 会计年度；如涉及法律程序时，则应称作 2015～2016 年会计年度。

根据世界各国对会计年度的规定不同，采用公历制作为会计年度基本形式的主要国家集中于中国、俄罗斯、德国、比利时、西班牙，瑞士、朝鲜等；采用四月制（即每年 4 月 1 日起至次年 3 月 31 日止）的主要国家包括英国、加拿大、印度、日本、新加坡等国；采用七月制（即每年 7 月 1 日起至次年 6 月 30 日止）的主要国家包括瑞典、澳大利亚等国；采用十月制（即每年 10 月 1 日起至次年 9 月 30 日止）的主要国家为美国，世界各国所制定的会计年度划分如表 3.1 所示。

表 3.1　　　　　　主要国家和地区会计年度起讫日期的基本规定

会计年度划分		国家或地区
历年制	1 月至 12 月	中国、奥地利、比利时、保加利亚、芬兰、德国、希腊、匈牙利、冰岛、爱尔兰、挪威、波兰、葡萄牙、罗马尼亚、西班牙、瑞士、俄罗斯、墨西哥、哥斯达黎加、多米尼加、萨尔瓦多、危地马拉、巴拉圭、洪都拉斯、秘鲁、巴拿马、玻利维亚、巴西、智利、哥伦比亚、厄瓜多尔、塞浦路斯、约旦、韩国、朝鲜、马来西亚、阿曼、阿尔及利亚、叙利亚、中非、科特迪瓦、利比里亚、利比亚、卢旺达、塞内加尔、索马里、多哥、赞比亚等
三月制	3 月至次年 2 月	土耳其等
四月制	4 月至次年 3 月	中国香港、新加坡、英国、日本、卢森堡、丹麦、加拿大、纽埃、印度、印度尼西亚、伊拉克、科威特、尼日利亚等

①　受宗教及传统文化的影响，也有其他一些国家不以传统的月初月末为起讫日期，这些国家主要有：阿富汗、伊朗（3 月 21 日～次年 3 月 20 日）；埃塞俄比亚（7 月 8 日～次年 7 月 7 日）；尼泊尔（7 月 16 日～次年 7 月 15 日）；沙特阿拉伯（10 月 15 日～次年 10 月 14 日）。

续表

会计年度划分		国家或地区
七月制	7月至次年6月	中国台湾、瑞典、澳大利亚、埃及、孟加拉国、巴基斯坦、菲律宾、也门、冈比亚、加纳、肯尼亚、毛里求斯、苏丹、坦桑尼亚等
十月制	10月至次年9月	美国、海地、缅甸、泰国、斯里兰卡等
其他类型制	3月21日至次年3月20日	阿富汗、伊朗等
	7月16日至次年7月15日	尼泊尔等
	3月至次年2月	土耳其等
	7月8日至次年7月7日	埃塞俄比亚等
	11月至次年10月	阿根廷等
	10月15日至次年10月14日	沙特阿拉伯等

综合各国（地区）的会计年度指导时间可知，世界上绝大多数国家（地区）的财政年度都与日历年度相吻合，但有些西方国家却不然。在将12月作为年终的历年制会计年度上，欧洲大陆的国家数超过美国和大洋洲的国家数，这些差异是在特定的历史条件下形成的。20世纪以前，在信仰基督教的西方国家里，每逢年终前的一两个月，全民都忙于欢度圣诞佳节，几乎不可能集中精力来进行年度结账以及报表审计这两项繁琐的工作。所以，如果会计年度采用日历年度，那么某财政年度的财政支出计划就要等到该年度开始后才能被讨论和确定，以致造成财政支出计划尚未经国会批准，而实际支出早已发生的不合理现象。

值得注意的是，与西方主要发达国家和地区相比，我国的法定会计年度起讫日期存在两方面的特点：其一，西方主要发达国家和地区的法定起讫日期多为以四月末或十月末为截止日期的"跨年制"，这种制度设计基本契合这些经济体宏观经济运行和管理的长期历史习惯：一方面便于立法机关开会期间审议和通过预算，便于预算的及时着手执行；另一方面多数微观经济主体在会计年度开始时正值收入淡季，便于执行结算工作和新一年度的预算。其二，俄罗斯、德国、比利时、西班牙、瑞士等西方国家所采用的"历年制"为指导性质，而我国的"历年制"为管制性质①。从世界各国的政策制定和具体事实来看，受各自国情、历史文化、经济特点的影响，多数国家和地区设立了指导性会计年度供财务报告呈报方选择使用。虽然各国政府大多规定了自己国家会计年度的起讫日期，但公司或企业在实际运用过程中，可以根据企业的实际经营周期、行业特点、经营状况和收付习惯，灵活地选择会计年度起讫日期。相比之下，我国会计法和会计准则对历年制进行了强制性规范，不允许企业自由选择。

通过对世界主要国家和地区的法定会计年度起讫日期进行归纳和梳理，我们可以总结出八种基本会计年度模式，分别为：高度统一且契合财政年度的跨年制会计年度模式（Uni – Fin – NonCan）、高度统一且契合财政年度的历年制会计年度模式（Uni – Fin – Can）、高度统一且脱离财政年度的跨年制会计年度模式（Uni – NonFin – NonCan）、高度统一且脱离财政年度的历年制会计年度模式（Uni – NonFin – Can）、自由选择且契合财政年度的跨年制会计年度模式（Fre – Fin – NonCan）、自由选择且契合财政年度的历年制会计年度模式（Fre – Fin – Can）、自由选择且脱离财政年度的跨年制会计年度模式（Fre – NonFin – NonCan），以及自由选择且脱离财政年度的历年制会计年度模式（Fre – NonFin – Can）。

其中，我国目前采用的是高度统一且契合财政年度的历年制会计年度模式（Uni – Fin – Can），法定会计年度的历年制特征和强制性特征无疑会使境内企业会计呈报模式与境外存在较大差异。坎普（2002）的研究就证明了看似无关紧要的国家立法将极大地影响上市公司会计年度起讫日期的选择偏好。由于中国企业的赴港/海外上市地点多为中国香港、美国和英国，为契合国际需求而需要进行的变革也应参考这三方。接下来，我们重点对比这三类上市交易地点关于会计年度起讫日期的规定。

---

① 与我国高度统一的会计年度起讫日期相类似的还有澳大利亚和印度。澳大利亚上市公司在会计年度的选择上比较集中，采用的是七月制；印度采用的是四月制，与其他国家相比，印度上市公司的会计年度最为集中，灵活性较差。然而，这两个国家的注册公司也具有自主选择会计年度起讫日期的自由。

3.2.2　香港准则下的会计年度起讫日期变革趋势

香港的会计实务更符合国际会计实务惯例。这主要是因为香港作为国际性的金融中心，为了交易的方便，利于不同报表使用者对会计报表的理解，会计实务必须向国际惯例靠拢。香港会计师公会（Hong Kong Institute of Certified Public Accountants，HKICPA）在其 1999 年 5 月颁布的会计实务准则（Statement of Standard Accounting Practice，SSAP）第 1 号"财务报告呈报"（Presentation of Financial Statements）中没有对企业的会计年度起讫日期作出任何明确的文字规定。其后，香港会计师公会 2004 年 3 月颁布并沿用的香港会计准则（Hong Kong Accounting Standard，HKSP）第 1 号"财务报告呈报"（Presentation of Financial Statements）中开始对报告期限作出详细规定，允许上市公司的会计年度长于或短于一年，但必须披露相关原因与事实。在会计年度结束后 4 个月内向其股东披露年度财务报告。

虽然在理论上，香港公司的财政年度（也称香港公司年结日）时长为 12 个月，但是在实践中，每家公司成立的第一年可以延期至第 18 个月。如上文所述，由于香港对企业会计年度没有统一规定，所以各类企业可根据本企业的实际情况确定自己的会计年度，有的采用公历年度，有的采用 7 月 1 日至下一年 6 月 30 日，但大多数企业都将会计年度定在 4 月 1 日至下一年的 3 月 31 日，即与香港的财政（税收）年度一致。这就有利于会计师事务所在进行年度会计报表审计时，避免在时间上过于集中，使全年工作比较均衡，以保证审计质量。香港公司报税的时间通常为财政年度结束的一个月内。如果确实无法在规定时间内完成报税，可以进行相应的延期，而延期时间的标准按照公司年结日所处的历法月份来区分。

3.2.3　美国与国际准则下的会计年度起讫日期变革趋势

对于那些仅在美加上市的中国民营企业来说，其拥有选择会计年度起讫

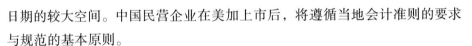

日期的较大空间。中国民营企业在美加上市后，将遵循当地会计准则的要求与规范的基本原则。

从美国准则制定机构的导向来看，在会计年度起讫日期规定上非常灵活。IASB 在其 2014 年 12 月最新修改的国际会计准则（IAS）第 1 号——财务报告呈报（Presentation of Financial Statements）中没有对企业会计年度起讫日期作出硬性规定，只要求企业在会计年度结束后 6 个月内向其股东披露年度财务报告。与 IASB 的做法相似，美国公认会计准则（GAAP）和加拿大也将会计年度起讫日期的选择权留给了企业。相比于其他国家，美国财政年度的选择更重要的是受企业特征的影响。尽管美国公认会计准则要求公司每年提供经审计的财务报告，但是将财政年度结束时间的选择留给了公司，传统观点认为，这一选择受季节性、法规或纯粹约定的影响。他们按行业划分，观察不同行业财政年度结束的时间，数据显示大部分行业仍是将 12 月 31 日作为财政年度结束时间，但余下的 30% 选择不同的时间作为财政年度的终止日期。公司战略因素、披露信息成本和业内同行的报告日期也影响着公司报告期的选择。在实务方面，美国政府给予企业的指导性会计年度为 10 月 1 日至次年 9 月 30 日，其政府预算年度与之相同，联邦财政年度是从 10 月 1 日至下一年度的 9 月 30 日。联邦预算是按单式预算编制的，大多数州和地方预算是按复式预算编制的。地方财政年度从 7 月 1 日至下一年度的 6 月 30 日，一个预算周期历时 12 个月。

相比之下，中国的地方财政年度、中央财政年度、企业财政年度都保持着高度一致。此外，美国财政年度内的季度划分也与中国实务存在差异。具体而言，其第一个财政季度为 10 月 1 日至 12 月 31 日，第二个财政季度为 1 月 1 日至 3 月 31 日，第三个财政季度为 4 月 1 日至 6 月 30 日，第四个财政季度为 7 月 1 日至 9 月 30 日。因此，对于赴美上市的公司而言，其季报高峰期则各不一样。但是这种制度安排存在难以避免的漏洞，如以 6 月底为截止期的报告中，一部分企业公布的却是截至 12 月 31 日的业绩，而一部分企业公布的却是截至 6 月 30 日的中期报告。导致这种现象的原因是有些美股上市公司的财年和自然年的脱钩。

3.2.4 英国准则下的会计年度起讫日期变革趋势

在英国，公司的会计年度和会计期间需要与公司法作出原则规定的两个相关的概念相契合。英国公司法规定：公司的会计期间应由公司董事会在公司成立时或成立后九个月内予以确定，并上报政府的公司登记机关记录备案。据此，一个公司就可以自由选择本身的会计期间，只要其会计期间的长度是一年即可。当然公司如果在规定期限内不作出会计期间的明确规定，根据公司法的原则，就以其注册成立月份的最后一天作为会计期间截止日，据此确定该公司的会计期间。由于一个公司的成立日期往往不是其会计年度的开始日期，因此，公司成立后的第一个会计期间可以多于或少于 1 年，其伸缩幅度一般是 6～18 个月。例如，某公司成立于 5 月 1 日，其会计期间截止日为 10 月 31 日，则第一个会计期间可以到当年 10 月 31 日结束。也可以到第二年 10 月 31 日结束。如果该公司不明确规定其会计期间，则该公司的会计期间截止日期就自动定为每年的 5 月 31 日，这样，第一个会计期间就只有 31 天。公司的会计期间确定后，并不是一成不变。

根据英国公司法的规定，一个公司在以后的经营过程中，必要时公司董事会可以改变其会计期间，重新确定会计期间的起止日期，只要及时告知政府的公司登记机关即可。公司的会计年度则是某一个会计期间进行会计核算和编制报表的具体起止日期和长度。会计年度通常与会计期间是保持一致的。但是，根据英国公司法的规定，一个公司在某一年的会计年度截止日可以比其会计期间截止日提前或延后 7 天。也就是一个公司可以在会计期末提前或延迟几天结账（不超过 7 天），下一个会计年度的起始日期相应的也要提前或延后同样的天数。会计年度的这种变化可由公司董事会作出，并在会计报告中说明。英国公司法允许公司会计年度可以适当地弹性伸缩变动，完全是考虑到公司年末的结账方便。许多英国公司之所以习惯于周末结账，是因为容易划清成本费用与收入成果的界限，企业的生产经营活动计划和职工工资计算也是按周进行的。英国公司倾向于年底披露年度报告，但有的公司每年的会计年度不一样，并且每个会计年度长度也有差异，这表明英国上市公司在选择会计年度时更加灵活，更具有弹性，他们往往根据自己公司所在行业和公司经营的状况来进行选择。

3.3 我国会计年度起讫日期的历史演进、趋同压力和改革阻力

3.3.1 我国会计年度起讫日期的历史演进

我国会计分期制度的演进历程大致包括以下几个阶段。

清末新政之前，我国一直采用农历作为政府的财政年度和工商业的会计年度。清末新政时期，清政府拟改变"历年制"会计年度并实施七月制会计年度以清理整顿财政，其计划大纲充分考虑了民间社会经济生产习惯。但是，会计年度改革是一个综合配套的过程，清廷难以协调，会计年度改革以暂时搁议而告终（蒲海涛，2014）。其后，北洋政府于 1914 年公布的《会计条例》中也规定采用"跨年制"中的七月制（陈新玲，2005）。

重新开始使用"历年制"的时点可追溯到 1939 年国民政府颁布的《会计法》。此后，新中国一直采用统一的"历年制"会计年度，即会计年度起止日期与公历年度起止日期相同。可查的法律文献主要有：2000 年实施的《中华人民共和国会计法》第十一条载明："会计年度自公历 1 月 1 日起至 12 月 31 日止"；2007 年版的《中华人民共和国企业所得税法》第七章第五十三条规定"企业所得税按纳税年度计算。纳税年度自公历 1 月 1 日起至 12 月 31 日止"；2014 年版的《中华人民共和国预算法》第一章第十八条规定"预算年度自公历 1 月 1 日起，至 12 月 31 日止"等。法律文献表明新中国在企业会计年度的规定上保持全国统一的口径，要求所有企业法人采用"历年制"会计年度。

目前，我国采用统一的历年制会计年度（自公历 1 月 1 日起至 12 月 31 日止），主要考虑与财政、税务、计划、统计等年度保持一致，从而便于国

家宏观经济管理。我国经济尤其是外向型经济和资本市场得到迅速发展，由此，高度统一的会计年度作为计划经济时代的产物，受到一定的质疑。

3.3.2 我国会计年度起讫日期的趋同压力

随着企业产权形式、所有制结构、经营区域的变化，统一的历年制会计年度被视作计划经济时代的产物，受到越来越大的改革压力。一些来自实务界和学术界的人士建议把统一的历年制会计年度改为相对灵活的会计年度。其改革主张主要源自向西方国家"跨年制"会计年度接轨并趋同的需求。

3.3.2.1 财政年度变革的压力传导效应

在我国，企业会计和政府会计被视为一体。政府会计的一个显著特征是通过一系列预算账户来记录年度预算的执行情况，这些账户均在每个预算年度之初开启，并且在年度结束时结账，因而年末不存在余额问题（徐仁辉，2001）。科学合理地改革预算年度，是预算过程顺利开展的必备条件，是加强预算管理的必要前提，是提高经费使用效率的基础工程。全国人大每年3月批准预算草案，而预算年度于1月1日开始执行，那1月至3月的经费使用依据从何而来？这违背了"无预算不开支"的原则，可能导致预算不细，变更随意的后果。而且每年各级单位编制预算在11月左右，编制时间仅有两个月，时间短，任务重，必然导致日程仓促，时效性差。

国家预算年度的不合理导致政府预算编制与企业中长期计划脱节，进而导致企业资源配置的低效率。企业预算编制与发展规划、建设计划的制定应实现有机结合，但是由于每年预算编制时间的不合理，导致预算与发展规划、建设计划没有统筹编制，同时也缺乏相应的机构，这就使得预算编制只能被动地反映和适应发展规划和建设计划。企业的补助和税收均与政府预算密切挂钩，政府预算作为具有法律效力的文件，是需要经过最高权力机关的审议通过后才可以组织实施的，所以，预算年度起止日期必须便于在立法机构开会期间审议和通过预算，以便及时着手执行。然而，全国人大每年3月批准预算草案，我国企业预算年度于1月1日开始执行，这明显与政府预算的全面性原则和严格性原则冲突。

3.3.2.2　年底财务结账和集中审计的时间压力

统一的历年制会计年度起讫日期忽视了"以人为本"的思想。特别对于上市公司的年终决算会计人员和从事上市公司审计工作的会计师事务所工作人员来说，需要在元旦、春节等中国传统节日放假期间加班加点赶编财务报告和进行集中审计，忽略了对员工的人文关怀。企业的所有制结构、组织形式以及经营范围等方面不尽相同，特殊行业和企业的会计核算与报告在统一会计年度管制下存在时间瓶颈效应。

换言之，公历制的会计年度给一些经营周期带有明显季节性特点的行业带来不便。少数学者认为过于强调历年制会计年度会使财务信息缺乏相关性。比如，统一会计年度这一规定明显不便于一些经营周期带有明显季节性特点的企业进行其会计核算（徐世琴，2010）。署名来自注册会计师行业的政协委员主张工商企业自主决定会计年度的起止日期，某些具有明显季节性特点的行业或企业可以选择将营业年度作为会计年度，金融行业的会计年度应由国家统一规定，非营利组织对会计年度也应该适时作相应的调整。此外，对于某些受季节等方面影响较大的上市公司，往往因为要求采用统一的会计年度，造成注册会计师对有关财务数据无法进行真实、准确的审计。这种集中审计安排还会给社会优质审计资源造成分配方面的压力。

我国统一把公历年度作为会计年度，导致在每年 12 月和次年 1 月企业各项财务工作堆积。不仅如此，由于 1 月下旬又常是我国的春节，这无形中增加了工作的紧张程度。工作过于集中，一方面给各部门的会计人员及其他相关人员带来了巨大的工作压力，另一方面也影响了会计工作的质量。

3.3.2.3　定期报告的消化压力

由于我国实行统一的会计年度，所以上市公司的年度报告只能选择在年初集中报出，这无疑给投资者、证券交易所、监管部门以及中介机构各方造成了年初的"年报高压"。特别是在每年 4 月，年报高峰期还没有结束，季报又接踵而来。这种情况极不利于利益相关者使用财务报告。此外，每年1~4月在上市公司年度报告被集中审计时，由于工作过于集中，一方面造成审计收费的水涨船高，另一方面则有可能影响审计质量，并最终不利于证券市场的健康发展。

3.3.2.4 跨国公司的接轨压力

我国实行统一会计年度，导致一些外资企业因为与母公司的会计年度起止日期不一致而不得不对财务报告进行相应的调整，这无疑增加了跨国公司会计处理和经营管理的难度，从而影响我国吸收引进外来投资。

3.3.3 我国会计年度起讫日期的改革阻力

我国会计年度起讫日期的国际趋同道路面对多方面的阻力，这些阻力也恰是当前我国施行统一会计年度起讫日期的意义。

3.3.3.1 国家宏观管理模式的阻力

施行统一会计年度起讫日期的目的主要是与财政年度、税务年度、计划年度、统计年度保持一致，从而便于国家宏观经济管理。我国财政学者站在宏观管理的角度，往往认为会计年度的确定应主要考虑宏观经济管理因素（国家税收和国家财政预算因素），微观因素（会计内在因素）处于次要位置。当前，我国采用统一的历年制会计年度，使其适应计划管理和汇总会计报表的要求，最终便于国家宏观经济管理。预算制度与国家公共部门预算年度对企业会计年度具有较强的影响力。

比如，张复英（1992）指出了决定采用非日历年度作为会计年度的因素有两个：年度开始应是税收旺季；年度开始以前几个月，应是国会开会期间，以便通过预算案。确定最佳会计年度起讫日期的一个延伸问题就在于：如何处理好会计年度与财政年度关系的问题。我国的财政年度也是公历年度，客观上存在会计年度与财政年度的协调问题。由于绝大部分经济组织采用灵活的会计年度，而国家计划、财政税收、国家统计以及工商行政管理等方面都以财政年度作为统一的会计年度，因而推行灵活的会计年度必须得到各方面的理解与支持，否则会计年度变革不会取得成功。如果国家一旦决定对会计年度进行变革，就必须由国务院出台相应的文件，明确在会计年度变革中各政府部门的责任和义务，以保障变更的顺利进行。因此，执政者有强烈的动机让企业的会计年度和国家的财政年度（国家计划、财政税收、国家统计以及工商行政管理）保持一致。

3.3.3.2　中国传统习俗的阻力

在争论会计年度起讫日期变革方向时，中国传统节日和习俗产生了不可忽视的非制度性阻力。历年制会计的改革受到人们习惯的阻碍。现存制度的路径依赖过于僵化。诺思在《制度、制度变迁与经济绩效》一书中指出：路径依赖是指制度变迁一旦走上了某一条基本路径，它的既定方向会在发展中得到自我强化，很难甚至根本难以扭转。我国政府机关和事业单位的预算年度、企业会计年度一直沿用每年 1 月 1 日起至 12 月 31 日止的自然年度，其虽与国家预算批准时间相左，但改变预算年度涉及一系列的制度、程序的变更，涉及一些群体的利益，其制度的创新成本相对集中，牵一发而动全身，因此这一制度沿用至今。只有在自上而下且顺应民俗的文化循序渐进地影响到政府制度之后，转向更高层次的绩效目标才会水到渠成（Schick，2002）。因此，短时间内更改社会元素的记账习惯将面临较大的阻力。

我国春节等传统节日会对会计人员结账工作和审计人员开展审计工作产生影响：虽然采用统一的历年制会计年度可以让会计人员在春节放假前完成结账工作，然而对审计人员造成了一定的工作阻碍。一方面，统一把公历年度作为会计年度，使得企事业单位以及政府机构在每年 12 月和次年 1 月各项工作堆积。加上 1 月下旬又常是我国的春节，这无形中增加了工作的紧张程度。另一方面，历年制的会计年度与国民的日常思维习惯和行为定式保持一致，与工农业生产的季节性也大体吻合。

在压力和阻力并存的局面下，中国在改进当前高度统一的历年制企业会计年度的过程中需要一套新的综合框架。

3.4 本章小结

  本章概括了会计年度起讫日期研究的制度背景，归纳了世界各国会计年度起讫日期的政策管制。一方面从横向上厘清中外会计年度起讫日期规定方面的异同，另一方面从纵向上梳理我国会计年度起讫日期改革的历史演进。进而结合国际趋同环境和中国特殊的制度背景，阐释了当前上市公司会计分期随制度变迁而向世界主要经济体趋同的外界压力和改革阻力。

  通过对世界主要国家和地区的法定会计年度起讫进行归纳和梳理，本章按照企业会计年度是否受政府严格管制、是否契合财政预算年度以及是否等同于公历年度，总结出八种基本会计年度模式。

  与西方主要发达国家和地区相比，我国的法定会计年度起讫日期存在两方面的特点：其一，西方主要发达国家和地区的法定起讫日期多为以 4 月末或 10 月末为截止日期的"跨年制"，这种制度设计基本契合这些经济体的宏观经济运行和管理的长期历史习惯：一方面便于立法机关开会期间审议和通过预算，便于预算的及时着手执行；另一方面多数微观经济主体在会计年度开始时正值收入淡季，便于执行结算工作和新一年度的预算。其二，从世界各国的政策制定和具体事实来看，受各自国情、历史文化、经济特点的影响，多数国家和地区设立了指导性会计年度供财务报告呈报方选择使用。虽然各国政府大都规定了自己国家会计年度的起讫日期，但公司或企业在实际运用过程中，可以根据企业的实际经营周期、行业特点、经营状况和收付习惯，灵活地选择会计年度起讫日期。相比之下，我国会计法和会计准则对历年制进行了强制性规范，不允许企业自由选择。我国会计年度采用公历制，是为了与财政、税务、计划、统计等年度保持一致，从而便于国家宏观经济管理。

第 4 章

关于我国会计年度起讫日期合理性的
调查研究：现状和变革

4.1 引 言

第 3 章基于制度背景分析，从纵向归纳了我国会计年度起讫日期的政策演进，从横向对比了中外会计年度起讫日期的管制差异，并归纳了主流文献和媒体中关于我国会计年度起讫日期的讨论。然而，仅仅基于二手资料不易排除片面性所导致的研究误差。为获取实务界和理论界关于我国统一会计年度起讫日期运用现状的评价和看法，及其对自由会计年度起讫日期改革的展望和预期，本章则进一步综合采用问卷调查和个别访谈的形式，对包括财务报告呈报方、财务报告审计方、政策制定机构三类利益相关者以及第三方学术研究机构在内的对象进行调查研究。我们对收集的反馈意见进行分类处理：对于问卷调查的结果，我们着重进行数理统计分析；对于个别访谈的结果，我们注重进行理论归纳分析。这些调研结果作为来自利益相关者的第一手素材，将被用来作为后文实证研究中发展假说的直接依据。更为重要的是，会计年度起讫日期国际趋同的成本效益是本书的重要研究目标之一，然而这项研究目标仅仅通过档案式研究的形式难以进行全面的回答。因此，本章的调研结果也将作为本书模拟改革阻力和经济后果的重要证据。

4.2 研 究 方 法

4.2.1 问卷调查的设计

根据研究目的，我们重点选择行为模式与会计定期报告最为密切的两类主体——财务报告呈报方和财务报告审计方——作为问卷调查对象，问卷内容主要针对现行统一会计年度起讫日期管制下的财务报表生成与审计成本问题以及该管制对会计信息质量和审计质量的作用强度。

为强化被调查对象遴选工作的质量管控，我们设置如下甄选标准：（1）对于财务报告的呈报方，我们选择具有 2 年以上企业财务部门工作经历的人员；（2）对于财务报告的审计方，我们遴选目前在会计师事务所工作的审计师，或曾在会计师事务所工作的企业财务人员①。我们根据研究目的，分别设置了针对上述两类人群的问卷。其中，财务报告的呈报方填答 A 卷，而财务报告的审计方填答 B 卷。在力求对调研目的全覆盖的基础上，我们尽可能避免"单页问卷题量过大"或者"问卷总页数过多"，具体设计见附录 1 和附录 2。

根据被调查对象的地理分布情况，我们区分了"现场填写调研问卷"和"在线填写调研问卷"两种形式。在"现场填写调研问卷"的实施过程中，我们有偿聘请了会计系 7 名本科学生担任督导员，在被调查对象填答过程中进行现场辅导；在"在线填写调研问卷"的实施过程中，我们依托调查问卷管理平台，督导其在后台②设置专属于本次调查的质量审核程序，并在分发

---

① 对于曾在会计师事务所工作的企业财务人员，如果其会计师事务所工作经历未满 2 年，但企业财务工作经历满 2 年，则要求其填答 A 卷；如果其会计师事务所工作经历满 2 年，但企业财务工作经历未满 2 年，则要求其填答 B 卷；如果其会计师事务所工作经历和企业财务工作经历均满 2 年，可允许其自由选择一套问卷进行填答。原则上，我们不允许同一人参加两套问卷的填答，也不允许同一人参加问卷调查和个别访谈。
② 我们选择通用的调查问卷管理平台（https://www.sojump.com/publicsurveys.aspx#diaocha），委托其对问卷的创建、设计、预览、生成、复制、回收等工作进行集成处理。

调研网址链接的过程中，公开告知将给予符合填答形式规范和实质规范[①]的被调查者具有一定竞争力的物质奖励。因为我们为"现场填写调研问卷"派出了督导员，且已经通过官方途径获得了被调查者的基本信息，所以能够对被调查人进行填答资格的确认。相比而言，我们无法为"在线填写调研问卷"派遣督导员，且事先并不知晓填答者的身份信息，故而需要在卷首设置甄别类问题，询问其是否了解会计分期前提与财务结账工作和年度审计之间的关系，以确保填答人所做的反馈具备有效性。

参考前人问卷研究的经验，财务报告呈报者反馈率达40.32%，而财务报告审计者调查问卷回收率为46.6%（马贤明和邓传洲，2005），可见财务报告审计者的反馈率略高。结合本书的研究目的以及既有研究的取样经验，我们针对财务呈报者发放A类问卷320份（其中，"现场填写调研问卷"120份，"在线填写调研问卷"200份），而针对财务报告审计者发放B类问卷总数为260份（其中，"现场填写调研问卷"80份，"在线填写调研问卷"180份）。经过分发与回收，有效填答的A类问卷共计回收为98份（其中，"现场填写调研问卷"67份，"在线填写调研问卷"31份）；有效填答的B类问卷共计回收为116份（其中，"现场填写调研问卷"55份，"在线填写调研问卷"61份），基本达到本章问卷调查研究的预期取样目标。

4.2.2 个别访谈的设计

根据研究目的，我们选择四类人群为个别访谈的对象——除了将财务报告呈报方和财务报告审计方作为访谈重点，还将财务报告使用方（债权人、政府管理机关）以及财会理论研究者作为访谈对象。访谈内容主要为会计准则国际趋同背景下可能产生的会计年度起讫日期变革的必要性，同时也对变革过程的成本效益问题和变革后的经济后果进行一定的了解。

依托中国人民大学商学院的历届校友资源、具有相关职务经验的在校

---

① 符合填答的"形式规范"指完成问卷90%以上内容且填答时间达到现场填答时间下四分位数（25%）的被调查者；符合填答的"实质规范"指被调查人对于自身和所在单位的基本信息填写契合我们事先获知的真实情况，且其在客观题部分的填答逻辑契合现场填答样本。

学员①以及在商学院主办（或承办）的财务会计类学术研讨会参会嘉宾②，甄选上述四类调查对象：（1）对于财务报告呈报者，我们排除参加过本轮 A 类问卷调查的填答者，选择具有境内经营业务地区企业主管财务呈报经验的财务部门中高级会计人员③，即会计师事务所的高级经理和合伙人，其所在的企业既包括上市公司也包括非上市公司，涵盖制造业、农林牧渔、服务业等社会主要行业。（2）对于财务报告审计方，我们排除参加过本轮 B 类问卷调查的填答者，选择会计师事务所的高级经理和合伙人，其所在的事务所或曾任职的事务所既包括国际四大会计师事务所，也包括国内本土会计师事务所。（3）对于财务报告外部使用方中的债权人，我们选择了京津地区的商业银行作为访谈对象；对于财务报告使用方中的政府管理机关，我们选择了在财政部和国家税务总局业务线条工作的机关干部以及证券交易所的业务骨干作为访谈对象。（4）对于财会理论研究者，我们选择在京高校的部分会计学研究人员，以及国有企业下属财务研究院所的相关研究人员。我们以研究目的为统领，根据调研对象的不同，分别设置了针对上述四类人群的访谈提纲。其中，针对财务报告呈报方的访谈适用 A 提纲，针对财务报告审计方的访谈适用 B 提纲，而针对财务报告使用方和财会研究人员的访谈分别适用 C 提纲和 D 提纲，如附录 2 所示。

我们将历届校友资源、具有相关职务经验的在校学员④以及学术研讨会参会嘉宾的访谈结果进行整合汇总，共计获得 35 份访谈记录。其中，财务报告呈报方共 14 份，财务报告审计方共 10 份，财政和税务系统的机关工作人

---

① 受访的具有相关职务经验的在校学员主要是指参加中国人民大学商学院高管培训 EDP 项目的学员、EMBA 班级学生以及 MBA 在职班级学生。

② 受访的财务会计类学术研讨会的参会嘉宾（含实务界工作人员）分别来自中国人民大学主办或承办的三次研讨会，按照时间顺序依次是：于 2015 年 5 月 22～23 日在中国人民大学逸夫会议中心举办的第二届"中国工商管理研究前沿"（Frontiers of Business Research in China，FBR）国际研讨会，本届会议主题为"工商管理研究与实践的发展：中国与世界"；2016 年 1 月 8 日在中国人民大学明德主楼 0509 室举办的"2015 年中国人民大学金融高端论坛"；以及 2016 年 11 月 11～13 日在中国人民大学召开的"中国企业管理案例与质性研究论坛（2016）"。

③ 受访的高级、中级和初级会计人员主要是按会计专业技术资格进行分类。高级会计人员主要是指高级会计师及大中型企业的总会计师（CFO）和财会负责人；中级会计人员主要是指会计师以及大中型企业主办会计等；初级会计人员主要是指助理会计师、会计员及一般会计人员等。

④ 具有相关职务经验的在校学员主要是指参加中国人民大学商学院高管培训 EDP 项目的学员、EMBA 班级学生以及 MBA 在职班级学生。

员共 7 份，财会研究人员共 4 份。值得注意的是，尽管我们在接受访谈的人员选择上已经做了初步筛选，但是为了进一步确保受访人的回答和评价是有效和可信的，我们还在访谈前针对如下两点与其进行确认：其一，受访人在参与访谈之前已经充分理解统一会计年度起讫日期与财务（审计）工作之间的联系；其二，受访人在参与访谈之前已经知晓中国会计准则国际趋同过程中存在的会计年度起讫日期改革呼声。

4.2.3　样本分布

为进一步强化不记名调查研究方案设计的严密性，我们把对问卷调查结果的定量统计和对个别访谈的质性分析建立于针对被调查人（含问卷填答人和受访人）的背景分析之上。一方面，对于参访的财务报告呈报方，我们着重收集了其性别、年龄等人口学信息，学历、工作年限等社会学信息，以及现任职公司的规模、行业、产权性质等企业特征信息，从而在统计和归纳其作为自然人对我国统一会计年度起讫日期现状评价和变革意愿的研究过程中加以控制。另一方面，对于参访的财务报告审计方，我们则区分问卷调查和个别访谈来获取控制变量。因为问卷调查采用了不记名的方式，所以我们在问题设置中增加了对其本人的人口学和社会学信息的询问。对于其任职单位特征，我们调查了其任职事务所的经营规模、在编人数、上市公司客户数量、事务所性质等。相比之下，由于我们在开展个别访谈之前即掌握了访谈对象的姓名和任职单位等基本情况，进而可以通过中国注册会计师协会对外公开的注册会计师信息系统来提取其详细信息①。根据被调查者和受访者的个人信息和单位信息，我们可以分析不同参访者的反馈结果是否会由于其背景特征不同而存在显著差异。

4.2.3.1　被调查者的专业任职情况

在回收的有效问卷和访谈结果中，被调查者的专业任职情况是我们为相

---

①　中国注册会计师协会网站"行业管理系统"的中国注册会计师行业管理信息系统"公众查询"栏目，可以查询包括取得证券、期货相关业务许可证会计师事务所在内的所有事务所及其注册会计师的基本信息和诚信信息。

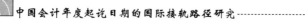

应调研样本赋权的重要依据。被调查者具有的年度结账经验或年度审计经验越充足，其对统一会计年度起讫日期的优劣势评价可被视为具有更高的代表性。由表4.1可知，问卷填答人和受访人的专业任职情况具有较大的变异程度。

表4.1　　　　　　　　　　被调查者的专业任职情况

A栏：财务报告呈报方					
财务报告呈报方		初级（助理会计师、会计员及一般会计人员等）	中级（会计师职称或企业的主办会计）	高级（高级会计师职称或企业的总会计师、财会负责人）	合计
问卷调查A	数量（位）	27	53	18	98
	占比（%）	27.55	54.08	18.37	100.00
个别访谈甲	数量（个）	—	3	11	14
	占比（%）		21.43	78.57	100.00
B栏：财务报告审计方					
财务报告审计方		普通审计人员	部门经理	高级经理或合伙人	合计
问卷调查B	数量（位）	62	37	17	116
	占比（%）	53.45	31.90	14.66	100.00
个别访谈乙	数量（个）	—	7	3	10
	占比（%）		70.00	30.00	100.00
C栏：财务报告外部使用方					
政策制定者		证监会和证券交易所	财政税务部门	银行部门	合计
个别访谈丙	数量（个）	2	3	3	8
	占比（%）	25.00	37.50	37.50	100.00
D栏：财会研究人员					
财会研究人员		讲师	副教授	教授	合计
个别访谈丁	数量（个）	—	2	3	5
	占比（%）		40.00	60.00	100.00

其一，在参加 A 类问卷调查的 98 位财务呈报者中，有 71 人在任职企业担任中高层财会人员，占此类被调查者总数的近三分之二（占比 72.45%）；在参加甲类个别访谈的 14 位财务呈报者中，有 11 人已经获得高级会计师职称或在任职企业担任企业的总会计师、财会负责人，另有 3 人具有会计师职称或在任职企业担任财务部门的主办会计。其二，在参加 B 类问卷调查的 116 位财务报告审计者中，54 人在事务所中担任管理职务，占此类被调查者总数的近一半（占比 46.56%）；在参加乙类个别访谈的 10 位财务呈报者中，有 3 人在任职企业担任高级经理或合伙人，另外 7 人担任部门经理。其三，在参加丙类个别访谈的 8 位财务报告外部使用方中，财政税务部门和银行部门的受访者各 3 人，证监会和证券交易所的受访者 2 人。其四，在接受丁类个别访谈的 5 位财会研究人员中，具有教授职称的受访者共 3 人。在受访的 5 位研究人员中，3 人来自在京高校，1 人来自在京的部属科研机构，我们还另访问了 1 名专门从事财会理论规范性研究的高校副教授。

4.2.3.2　被调查者任职单位的基本情况

除了被调查者的个人特征以外，其任职单位的基本情况同样是调研结果分析中需要控制的因素。对于财务报告呈报者，我们进一步分析了其任职单位的行业分布情况。由于我们在调查设计环节已针对性地厘定抽样框范围，即在可触及的被调查对象中考虑其所在行业的代表性。在调查实施环节，我们分阶段地优化调研对象名单，即根据已完成问卷的回收率和已结束访谈的成功率来动态调整下一阶段的拟调查人员名单。经过对设计和实施环节的控制，确保了本章所调查的财务报告呈报者涵盖了证监会行业分类的主要行业。具体包括：农林牧渔业（2.45%）、采掘业（1.79%）、金融业（6.77%）、制造业（56.51%）、电煤水的生产和供应业（2.08%）、建筑业（3.99%）、运输仓储业（7.16%）、信息技术业（5.71%）、批发零售业（1.10%）、房地产业（3.77%）、社会服务业（3.13%）、传播文化业（0.94%），如图 4.1 所示。

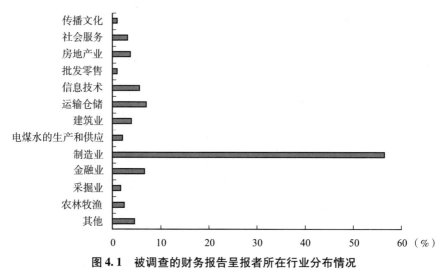

图 4.1　被调查的财务报告呈报者所在行业分布情况

从被调查的财务报告呈报者的产权性质来看，以国有企业为主。其中，63 位被调查者任职于国有及国有控股企业（占此类被调查者总数的 56.20%，范围下同），35 位被调查者来自注册地为中国内地的私营或民营企业（占比 31.60%），13 位被调查者来自外商独资企业和中外合资企业（占比 12.20%）。从被调查的财务报告呈报者的上市状态来看，上市公司（控股上市公司的集团公司）和非上市公司（未控股上市公司的集团公司）分布相对均衡。其中，前者共计 52 位（占此类被调查者总数的 46.43%，范围下同），后者共计 60 位（占比 53.57%），如图 4.2 所示。这种样本分布有助于我们对比上市企业和非上市企业在适用统一会计年度起讫日期时看待潜在改革利弊时的态度异同，进而弥补本书中以上市公司为主的档案式实证研究的局限性。

我们按照企业最近三年的平均营业收入对被调查的财务报告呈报者任职单位的规模进行了划分。其营业收入在 5 亿元以下者共计 22 人（占比 19.64%），在 5 亿~10 亿元之间者共计 25 人（占比 22.32%），在 10 亿~50 亿元之间者共计 38 人（占比 33.93%），50 亿以上者共计 27 人（占比 24.11%），如图 4.3 所示。

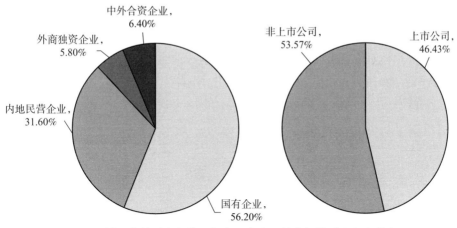

图 4.2　被调查的财务报告呈报者所在企业的产权性质和上市状态

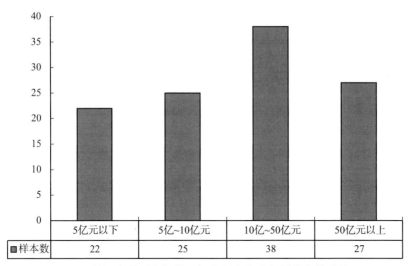

	5亿元以下	5亿~10亿元	10亿~50亿元	50亿元以上
样本数	22	25	38	27

图 4.3　被调查的财务报告呈报者所在企业规模分段统计情况

对于财务报告的审计方，我们着重考察了其任职事务所的规模。其中，任职于国际四大成员所的被调查者共计 62 位（占此类被调查者总数的 49.20%，范围下同）；任职于本土八大成员所①的被调查者共计 51 位（占比

---

① 此处所指国际四大成员所为四家在全球范围内开展业务且年度营业收入超过 200 亿美元的会计事务所在中国大陆的分支机构，分别为普华永道中天、德勤华永、安永华明、毕马威华振；本土八大成员所由注册于中国的八所本土会计师事务所构成，分别是瑞华、立信、天健、信永中和、大华、大信、致同、天职国际。

40.48%）；另有13位来自其他会计师事务所的被调查者，如图4.4所示。可见，被调查的财务报告审计者主要任职于规模较大的事务所，且近半的被调查者任职单位具有国际审计业务，说明样本选择有助于评价中国统一会计年度起讫日期和西方自由会计年度起讫日期对审计工作的影响。

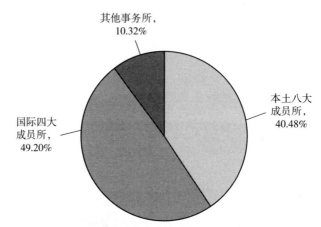

图4.4　被调查的财务报告审计者所在事务所的规模分类情况统计

　　本章后续部分将对上述两类调查研究方法所取得的结果分别进行统计分析以及质性分析。

4.3　来自财务报告呈报方的调查结果

4.3.1　对会计年度起讫问题的关注程度

　　针对财务报告呈报方的调查首先考察了被调查者所在企业的业务层和决策层对于我国统一会计年度起讫日期特殊背景以及面对国外自由会计年度起讫日期趋同压力的关注程度，如表4.2所示。

表4.2   财务报告呈报方对会计年度起讫日期话题的关注程度统计情况

A栏： 业务层	国有企业		中资民营企业		外商独资企业		中外合资企业	
	人数 （人）	占比 （%）	人数 （人）	占比 （%）	人数 （人）	占比 （%）	人数 （人）	占比 （%）
关注程度高	12	19.05	21	59.34	5	76.97	5	69.75
关注程度低	51	80.95	14	40.66	1	23.03	2	30.25
合计	63	100.00	35	100.00	6	100.00	7	100.00
B栏： 决策层	国有企业		中资民营企业		外商独资企业		中外合资企业	
	人数 （人）	占比 （%）	人数 （人）	占比 （%）	人数 （人）	占比 （%）	人数 （人）	占比 （%）
关注程度高	16	34.04	18	66.67	5	100.00	6	100.00
关注程度低	31	65.96	9	33.33	0	0.00	0	0.00
合计	47	100.00	27	100.00	5	100.00	6	100.00

　　一方面，为了解业务层对该话题的关注程度，我们分析了"您目前任职的企业中，会计年度起讫日期改革这个话题被关注的程度符合下列哪个选项的描述？"这一单选题的调查结果。在统计过程中，将"几乎没有人关心这个话题"，"大部分人都不怎么关注这个话题"以及"只有一小部分从业人员专注这个话题"划分为"关注程度低"；而将"大部分专业人士都在关注这个话题"，"大家都很重视这个话题"以及"大家都认为这是一个在财会工作中不可或缺的话题"划分为"关注程度高"。由统计发现，63名任职于国企的被调查者中，51人（占比80.95%）表现出较低的关注程度，仅有12人（占比19.05%）表现出较高的关注程度。相比之下，任职于中资民营企业、外商独资企业、中外合资企业的被调查者对该话题更为关注，表现出较高关注程度的被调查者分别为21人（占比59.34%）、5人（占比76.97%）、5人（占比69.75%），如表4.2的A栏所示。

　　另一方面，为了解决策层对该话题的关注程度，我们分析了"您所在的公司在董事会财务报表审议和投资决策审议等活动中，会涉及对会计年度与会计工作关系的探讨吗？"这一单选题的调查结果。在统计过程中，将"很少探讨"以及"从不探讨"划分为"关注程度低";而将"经常探讨"以及"有时探讨"划分为"关注程度高"。我们在统计的过程中排除了27名初级财务从业人员,仅考察85名中高级财务管理者的调查结果。经统计可知,31位任职于国企的中高级财务人员(占比65.96%)表现出较低的关注程度,仅有16人(占比34.04%)表现出较高的关注程度,与业务层的情况基本类似。任职于中资民营企业、外商独资企业、中外合资企业中表现出较高的关注程度,被调查者分别为18人(占比66.67%)、5人(占比100.00%)、6人(占比100.00%),如表4.2的B栏所示。

4.3.2 对统一会计年度起讫日期管制的评价

关于财务报告呈报方对统一会计年度起讫日期管制的评价,我们利用问卷调查和个别访谈的两类结果,从以下三个方面着手进行分析:其一,统一会计年度的管制约束主要源自哪些主体。其二,如果企业的业务季节性明显,公历年度期末可能是企业业务最繁忙的时候,以公历年度为会计年度截止日是否明显增加可呈报者的成本、收入、商业账款等的核算量。其三,对于在海外具有母子公司关系的集团呈报者而言,当海外母公司的结账日比较灵活时,国内的子公司是否难与境外母公司协调。反过来,当境内母公司的结账日为12月31日时,境外的子公司所付出的转轨成本是否达到重大水平。

关于企业历年制会计年度的约束来源,我们从财务报告的报送对象入手,考察不同客体对财务呈报者所施加的压力大小。经过对调研结果的统计分析发现,公司编制定期报告的首要服务对象为征收金额与公司年度净利润紧密关联的税务机关,其次是关乎企业融资资质的上市证券交易所、存在债权债务往来的供应商、客户以及具有企业债权人身份的金融机构等,最后是具有公共服务性质的财政部门和统计部门。就外界施加给企业年报截止日期的约束力度来看,从高到低依次是税务部门[①]、客户以及债权人和统计部门。本

---

① 非上市公司财务报表仅向公司投资者、债权人以及国家相关经济管理部门披露。然而,对于上市公司而言,其需要对外披露财务报告,证券交易所是上市公司向社会公众报送财务信息的中介机构。我们通过调查发现,上市公司向证券交易所报送财务报告的时间约束居于首位。

次调研的发现与马贤明和邓传洲（2005）所做类似调研的结论稍有出入。他们从银行角度入手，发现银行虽然作为企业债权人之一，但是对年报报送的时间影响不大。两次调研结果差异原因一方面在于调研时间相距 11 年之久，银行授信方式和风险管理模式发生较大变革；另一方面可能在于银行一般只于审贷的过程中比较关注经审计的报表，而审贷时间一般均匀分布于全年。

关于将公历年度作为会计年度的统一管制对公司是否造成不利影响，我们将根据有效问卷的来源，分析被调研对象中财务呈报者所在企业的营业规模（小公司与大公司）、所处行业（三大产业）、所有制性质（纯国有与非纯国有）等因素是否会影响年末会计结账工作，进而影响对公历制会计年度的评价。我们按照问卷填写者和接受访谈者的任职单位来源，将其选择放到不同的背景特征中分析，我们发现：其一，经营规模较大的企业更倾向于继续采用全国统一的会计年度，但是其不认为公历制为最佳安排。相比之下，小规模经营的企业具有更强的行业模仿意愿，其对公历制的评价多依托于同行业大企业的意愿。其二，相比主营业务归属于第三产业的财务呈报者而言，主营业务归属于第一产业或第二产业的财务呈报者更关注公历制与其生产经营周期之间的契合程度。其三，相比中资民营企业、外资企业和中外合资企业而言，国有企业更多地考虑了业务季节性、与母公司协调、春节长假、同行业倾向和结账便利等因素。部分外资企业受访者认为内地分支机构与母公司的会计年度起止日期不一致而不得不对财务报告进行相应的调整，这无疑增加了跨国公司的管理和核算成本，以及企业信息披露的成本。

4.3.3　对会计年度起讫日期潜在变革的态度

为了考察受访者对会计年度起讫日期潜在变革的态度，我们利用对于企业财务部门中高层管理人员的个别访谈，考察如果我国准则制定机构拟改变会计年度起讫日期，是否会产生如下四方面的经济后果：（1）企业会计年度的自由选择模式是否会显著降低企业间的会计信息横向可比性；（2）为了确保会计年度起讫日期变革前后的会计信息纵向可比性不被削弱，企业所承受的变革转轨成本为多少；（3）相比以市场业绩作为薪酬计划主指标的企业而言，会计年度起讫日期变革是否会给那些采用会计信息作为薪酬评价依据的企业内部信息使用者带来不便；（4）相比建立在高度统一的历年制会计年度起讫日期之上的传统预算决算制度而言，自由会计年度起讫日期制度背景中的新预算决算制度是否将具有更高的制定与执行难度。我们经过对访谈结果的文本分析，发现改变当前高度统一的历年制会计年度起讫日期可能会对企业带来如下的附加成本。

其一，82名被调查者（占比73.21%）认为如果放松对会计年度截止日的统一管制，将抵消同行业经营业务和财务报告周期的耦合关系。由于同一行业的不同企业在年度内的资产负债分布情况大体相同，如果所选择的会计年度结账时间各不相同，将会导致财务指标丧失可比性。被访者所举出受影响的关键性财务指标主要包括劳动效率等人力资本营运指标，存货、应收账款和固定资产周转率等生产资料营运指标。更有26名被调查者（在82名反对者中占比31.71%）认为这种会计信息横向可比性的下降幅度很可能对企业财务报告的外部使用者造成使用上的不便。

其二，会计年度的改变将会使与内部管理的协调难度和预决算执行难度明显增加。由于在新中国企业经营的历史传统上，企业主管行政机关对企业的扶持政策均以公历年度为基准。同样，企业董事会等内部决策者依赖公历年度会计信息的习惯对相关部门的责任人进行年度考核，这种由历史形成的考核模式将会计年度、预算年度、考核年度视为一体。如果允许企业自由选择会计年度，将显著增加国家宏观经济管理的难度，并且需要重新满足内部信息使用者的需求。

其三，被调查者普遍认为改变现有的会计年度可能会明显地发生一些转轨成本。相比会计信息系统的更新、会计流程重构的成本消耗而言，企业真正关注的是竞争对手和上下游企业保持同步的适应成本，其次关注的是财务人员的学习成本。针对"根据行业特征，按行业规定会计年度以保证同行业可比性"的建议，绝大多数受访者表示不切实际，其原因在于上市公司多为复合经营，仅出具一份年度财务报告很难保证同行业可比性。

4.4 来自财务报告审计方的调查结果

上文从财务报告呈报者的角度考察了采用高度统一的公历制会计年度将对企业经营活动和财务活动产生何种影响，我们接下来将进一步从财务报告审计方的视角，对来自会计师事务所的调研问卷和个别访谈进行分析，重点考察企业年度财务报告的集中审计安排将对审计方和被审企业带来何种后果。具体来说，我们关注的问题包括如下三个方面：（1）大量的审计集中在一至四月，是否使年度审计难以安排？（2）由于审计时间集中或春节等原因，可能导致结账日至财务报告呈报日的周期延长，从而是否降低了审计质量？（3）考虑到中国春节的民俗实际，春节长假前的年度结算信息，而在长假后再进行审计是否会带来不便？我们将根据有效问卷的来源，分析被调研对象的营业收入、人数规模、上市公司客户数量与其态度之间的关系。

4.4.1 对会计年度起讫问题的关注程度

同针对财务报告呈报方的调查方案，我们考察了被调查的财务报告审计人员对于会计年度起讫日期话题的了解和关注程度，如表 4.3 所示。

其一，为了解业务层对该话题的关注程度，我们分析了"您目前任职的会计师事务所中，会计年度起讫日期改革这个话题被关注的程度符合下列哪个选项的描述？"单选题的调查结果。我们仅针对从事基层审计业务的 62 名被调查者进行统计，选项归类和统计方法同上文中针对财务报告呈报方的调查。其中，36 名任职于国际四大会计师事务所的被调查者中，33 人（占比 91.67%）表现出较高的关注程度，仅有 3 人（占比 8.33%）表现出较低的关注程度。相比之下，任职于国内八大会计师事务所以及其他事务所的被调查者对该话题的关注程度明显较低，表现出较高的关注程度的被调查者分别为 22 人（占比 75.86%）、4 人（占比 40.00%），如表 4.3 的 A 栏所示。

表 4.3 　　　财务报告审计方对会计年度起讫日期话题的关注程度统计表

A 栏：业务层	国际四大会计师事务所		国内八大会计师事务所		其他事务所	
	人数（人）	占比（%）	人数（人）	占比（%）	人数（人）	占比（%）
关注程度高	33	91.67	22	75.86	4	40.00
关注程度低	3	8.33	7	24.14	6	60.00
合计	36	100.00	29	100.00	10	100.00
B 栏：管理层	国际四大会计师事务所		国内八大会计师事务所		其他事务所	
	人数（人）	占比（%）	人数（人）	占比（%）	人数（人）	占比（%）
关注程度高	25	96.15	17	77.27	2	66.67
关注程度低	1	3.85	5	22.73	1	33.33
合计	26	100.00	22	100.00	3	100.00

其二，为了解管理层对该话题的关注程度，我们分析了"您所在的事务所在发展规划等活动中，会涉及对会计年度与会计工作关系的探讨吗？"单选题的调查结果。我们在统计的过程中排除了 62 名非管理职务的审计人员，仅考察了 51 名会计师事务所部门经理、高级经理或合伙人。经统计可知，25位任职于国际四大会计师事务所的管理人员（占比 96.15%）表现出较高的关注程度，仅有 1 人（占比 3.85%）表现出较低的关注程度，这种区别远高于我们对事务所业务层的调查。任职于国内八大会计师事务所以及其他事务所的管理层表现出相对较低的关注程度，可能源于其接触的上市公司审计业务相对较少，如表 4.3 的 B 栏所示。

4.4.2　集中审计对审计师工作的影响

公历会计年度对于审计师的影响主要表现在两个方面：一是对审计质量的影响，二是对会计师事务所的业务和成本的影响。

我们从审计质量层面，考察集中审计对于审计质量的影响。在问卷设计过程中，我们着重关注"证监会要求上市公司集中在一至四月报送年报，由此带来的集中审计状况将给审计工作带来何种负面影响"。在 116 名接受问卷调查和 10 名接受个别访谈的审计人员中，122 名被调查者（占比 96.83%）认为集中审计会使得"工作负荷增大"①，90 名（占比 71.43%）被调查者认为集中审计会使得"财务报告的复核难度增加"，25 名被调查者（占比 19.84%）认为集中审计会使得"审计工作出错可能性加大"，16 名被调查者（占比 12.70%）认为集中审计会使得"关键程序可能无法执行"，101 名被调查者（占比 80.16%）认为集中审计会使得"审计工作质量标准自动降低"。这表明由于会计年度截止日相同而导致的集中审计，确实在一定程度上增加了审计人员的工作负荷和企业财务报告的复核难度，并使得审计工作质量标准自动降低。然而，仅有少数被调查者认为这种工作压力和工作难度会导致审计工作出错可能性加大，很少的被调查者认为这种工作压力和工作难度会导致关键审计程序无法执行。

特别的，关键审计程序的执行需要充分的时间保障，这是制约审计质量的一个关键环节。审计师在应对集中审计时，可能在关键审计程序方面存在选择性执行的问题。营业收入较高、人数较多、有上市公司业务的事务所具有比较规范的审计流程，因时间要求而放弃关键审计程序的可能性较低。相比之下，对于经营规模较小、人数较少、没有上市公司业务的小事务所而言，其更倾向于赞同年报集中审计"关键程序可能无法执行"。我们所发现的这种事务所规模与审计程序严密程度的关联关系与马贤明和邓传洲在 2005 年的同类调研结果相同。

值得关注的是，被调查的财务报告审计者普遍认为集中审计压力的负面影响要大于财务报告披露不及时的负面影响，而且这种态度差异在是否承担上市公司审计业务较多的事务所上体现得尤为明显。相比之下，被调查的财务报告呈报者中只有较小比例认为年报集中披露和集中审计会造成显著的负面作用，而关注财务报告披露及时性者却超过这类被调查者的半数。究其原因，企业在完成本单位年度结算工作以后，便脱离了统一历年制会计年度所造成的工作压力。而若干企业对年报"新鲜出炉"的时间压力却传递给承担

---

① 被调查者普遍认为在自然年度终了至次年四月的审计报告报出之日，需要投入大量的人力物力以短时间完成翻凭证、看账簿、核报表，计算、汇总、分析等大量繁琐工作，这无形中平添了工作的紧张程度。

集中审计的财务报告审计者，导致后者对高度统一的历年制会计年度模式存在较强烈的负面评价。

4.4.3 集中会计对会计师事务所发展的影响

从会计师事务所来看，我们考察集中审计对事务所业务的影响主要包括以下两个方面。

一方面，调查表明，由于统一年度起讫日期导致公司年报必须集中审计，会对会计师事务所的业务开展造成极大的负面影响。在此，我们着重考察了事务所业务多元化程度和会计起讫日期意愿的相关性，发现集中审计所导致的业务拓展困境主要存在于承担上市公司审计业务且社会声誉较好的国际四大会计师事务所以及部分国内八大会计师事务所。相比之下，部分国内八大会计师事务所和其他事务所的受访者多否认集中审计对业务开展产生明显的负面影响。究其原因，对于其他事务所而言，可能其承接的上市公司审计业务本来就较少，受到集中审计的冲击并不明显。

另一方面，在集中审计的压力下，即便是国际四大会计师事务所，也会在进入中国市场后采用等级森严的工厂式管理模式，用严苛的条例来约束员工，以求使其适应高强度的工作节奏。对于个别合伙人而言，为保证团队的竞争力，审计工作依托于审计流程的严格执行。在这种激烈的市场争夺情况下，所聘用团队成员的认真和严谨程度又是团队负责人最为关注的要素。高要求和高强度的并存局面降低了审计人员的幸福感。其表现之一体现在，会计师事务所的审计师存在高离职率。过度集中的会计年度使注册会计师行业的劳动强度非常大，超负荷的工作量以及优秀人才的流失均一定程度上影响了年报的审计质量。

综上，会计年度模式对注册会计师行业的影响较大。大多数的注册会计师认为年报集中审计将对审计质量造成影响，如人员安排不能优化，时间安排过紧可能导致质量标准降低，同时增加复核的难度等。对事务所的业务也会带来影响，如时间和人员的安排问题、淡季的资源闲置问题、突发事件的影响等。

4.5 来自财务报告外部使用方的调查结果

通过对财务报告外部使用方中的信贷债权人（京津地区的商业银行）、政府管理机关（中央及省级财政、税务和统计部门的业务骨干）、财会理论研究者（在京高校的部分会计学研究人员、上市企业下属财务研究院所人员）的访谈，我们发现对公司年报关注程度从高到低依次是财政税务部门、证券交易所、商业银行。该发现与我们对财务呈报者"主要报送对象"的发现是一致的[①]。

作为信贷债权人的受访者认为，由于所有公司年报披露集中于报告次年公历年度的前四个月，促使银行在风控信息提取工作也集中安排在上半年度，反而促进了财务信息消化吸收的效率，并不会因工作堆积而造成信息消化不良；作为政府管理机关的受访者认为高度统一的会计年度有利于统计汇总，从而便于国家从宏观上全面监控经济运行走势；作为财会理论研究者的受访人士认为大量信息集中在前四个月涌入证券市场有可能会导致股票投资者信息消化不良，但却有助于确保会计信息的可比性。更重要的是，虽然会计作为经济信息系统的观点也被人们逐步接受，但是会计更是作为一项服务于企业内部管理，对管理层业绩进行评价的功能而存在。从财务报告的基本功能来看，由于其定期性和通用性，难以逐一满足所有的报表使用者。综合来自财务报告外部使用方的调查结果，受访者对高度统一的历年制会计分期仍然持有较为正面的态度。

4.6 本 章 小 结

本章的研究方法包括问卷调查和质性研究（基于针对访谈数据和文档等

[①] 尤其是对于上市公司财务呈报人员的调查中，可以明显发现对于证券交易所的重视程度远高于银行债权人。

资料的定性分析的实证研究）两类，均以第一手资料为依据对受访者的意见和建议进行归纳梳理，得到如下三方面的结论。

其一，根据对财务报告呈报者的调查结果，无论被调查者处于所在企业的业务层还是决策层，其对会计年度起讫日期问题的关注程度从高到低依次为中资民营企业、外商独资企业、中外合资企业、国有及国有控股企业；给财务报告呈报者造成年度结账紧迫性压力的来源依次是征收金额与公司年度净利润紧密关联的税务机关、关乎企业融资资质的上市证券交易所、存在债权债务往来的供应商和客户、向企业授信贷款的金融机构等、具有公共服务性质的财政部门和统计部门；经营规模较大的企业、第三产业、国有企业更倾向于继续采用全国统一的会计年度，但是大多不认为公历制为最佳安排。相比之下，小规模经营的企业具有更强的行业模仿意愿，主营业务归属于第一产业或第二产业的财务呈报者更关注公历制与其生产经营周期之间的契合程度，仅有部分外资企业受访者支持彻底放弃统一的历年制会计分期；我们进一步利用对于企业财务部门中高层管理人员的个别访谈，发现改变当前高度统一的会计年度起讫日期可能会对企业带来如下的附加成本：抵消同行业经营业务和财务报告周期的耦合关系、降低会计信息横向可比性、内部管理的协调难度和预决算执行难度增加、阻碍企业获得主管行政机关给予的各种优惠、明显发生与竞争对手和上下游企业保持同步的适应成本。可见，多数被调查的财务报告呈报者并不认为高度统一且契合财政年度的会计年度模式对企业造成了不可接受的负面冲击，而恰恰是历年制安排迫使春节长假打断了年报的准备期间而降低了会计信息的及时性。

其二，根据对财务报告审计者的调查结果，对会计年度模式关注度从高到低依次是国际四大会计师事务所、国内八大会计师事务所、其他事务所，这种关注度差异不但存在于从事基层审计业务的被调查者群体，而且在被调查的管理层中尤为明显；大多数被调查者认为集中审计确实在一定程度上增加了审计人员的工作负荷和企业财务报告的复核难度并使得质量标准降低，但并不会导致审计工作出错可能性加大，更不会导致关键审计程序无法执行。值得关注的是，被调查的财务报告审计者普遍认为集中审计压力的负面影响要大于财务报告披露不及时的负面影响，而被调查的财务报告呈报者中只有较小比例认为年报集中披露和集中审计会造成显著的负面作用，相反更关注财务报告披露的及时性。究其原因，出具对外财务报告的企业只需集中完成本单位年度结算工作，但时间压力却传递给承担集中审计的财务报告审计者，导致后者对高度统一的历年制会计年度存在较强烈的负面评价。

其三，根据对财务报告外部使用方的调查结果，我们发现对公司年报关注程度从高到低依次是财政税务部门、证券交易所、商业银行。受访者认为高度统一的历年制会计分期对信息生产和运用具有重要的保障作用。具体表现在：公司年报集中披露和银行风控信息提取工作的同步性促进信贷机构对财务信息消化吸收的效率；高度统一的会计年度有利于政府管理机关对微观经济主体的运行状况进行统计汇总，从而便于宏观调控；虽然在前四个月涌入证券市场有可能会导致股票投资者信息消化不良，但却有助于确保会计信息的可比性；更重要的是，财务报告的基本功能也决定了难以对所有的报表使用者予以逐一满足，其主要服务于真正的投资者而非投机者。

综上，从反馈者的重要性评分观察，高度统一的历年制会计年度对财务报告审计方的影响较大，与来自财务报告呈报者的调研结果存在明显差异。虽然本章的调查研究为本书的理论基础和论述提供了一手的直接材料，但仍然难以避免其局限性：一是因为本章的调研对象主要来自京津地区；二是问卷和访谈设计未必具有完备性，在将来还可利用实验研究的方法考察投资者（区分机构和个人）、债权人以及政府部门在不同的会计年度模式下消化会计信息的效率以及效果。

第 5 章

自由起讫日期环境下的会计年度抉择依据：以单纯赴港/海外上市的中资民营企业为自然实验对象

5.1 引 言

第 4 章通过问卷调查和个别访谈的研究方法，在一定样本内初步探索了多类利益相关者对于会计年度起讫日期的选择偏好，发现绝大多数被调查的内地财务呈报者愿意坚持历年制会计。受限于样本的局限性，调研所得的初步结论还需要经验证据予以进一步的支持。

近年来，我国企业的国际化进程加快，通过赴港/海外上市与国际资本市场接轨是企业国际化的一个重要渠道。如本书第 3 章对主要国家和地区的法定会计年度起讫日期变革趋势的介绍，不同国家和地区对企业会计年度起讫日期的规定不尽相同。伴随中国企业在美国、新加坡、中国香港等国家（地区）相继上市的热潮，中国企业拥有了一次重新选择会计年度起讫日期的机会。在这些赴港/海外上市的中国企业中，国有企业受限于国资委的管理和考核要求，需要遵从政府财政预算年度的约束。相比之下，民营企业的最终控制人并非政府，可以根据其自身经营状况和外部环境的改变来调整其会计年度起讫日期。

本章借助中资民营企业赴港/海外上市这一准自然实验，考察其在自由起讫日期环境下是否会放弃历年制的会计年度，以及是否会选择上市地点所在国家适用的会计年度。本章的研究结论对预判会计年度起讫日期国际趋同后的中国上市公司行为具有重要启示。

5.2 理论推导与假说提出

企业是财务报告的主体，对他们来说，会计年度选择主要考虑微观企业效益因素，因而我们将重点关注最佳会计年度起讫日期的企业微观因素。综合史密斯和鲍尔西奥（1988）、休伯曼和坎德尔（1989）、马贤明和邓传洲（2005）、坎普（2002）等的研究结果，我们可发现经营周期、公司规模均是影响上市公司会计年度起讫日期选择的重要因素，而行业因素对会计年度起讫日期的影响尚有争议。据此，若企业可以自由选择会计年度起讫日期，其决策与经营周期、公司规模均存在显著的相关关系。

最佳会计年度的选择应当与公司的会计周期和资本运营周期相一致，以使财务报表能够准确反映一家公司完整的生产经营周期的财务状况和经营业绩。如果能够避开营业高峰期，则能够增加年度信息的处理时间（薛云奎，2009），即便有些公司（如 BearingPoint，TiVo，SearsRoebuck 等知名公司）中途更换了自己的会计年度起讫日期，也往往是为了契合该公司新的经营周期（Nishi and Dov，2008）。更有学者发现，因为委托代理关系导致高管和销售人员有动机操纵产品价格和左右客户的消费时机，销售人员和高管的薪酬契约客观上建立了现金周期和会计年度起讫日期之间的关系，即销售周期和现金收付也会影响会计年度起讫日期的选择（Oyer，1998）。

据此，我们提出本章的第一个假设。

H5 - 1a：企业营业周期与自然年度匹配程度越低，赴港/海外上市的中资民营企业越可能放弃历年制会计年度。

H5 - 1b：企业营业周期与上市地的会计年度匹配程度越高，赴港/海外上市的中资民营企业越可能倾向采用当地的会计年度。

经本书统计，在单纯赴港/海外上市的民营企业中，很大一部分公司不选择在中国内地注册。它们出于注册程序简单、减少风险、逃避外汇管制和合法避税四方面的原因，其可能在证券市场所在地或开曼群岛、维尔京、百慕大等避税港注册自己的离岸公司。因为赴港/海外上市必然面临各种复杂的审批程序、规则要求，离岸注册可给企业省去不少烦琐的手续：公司可以不必在注册地生产经营，可以把注册资本移作他用。由于公司设立发起人不要求是当地居民或国民，无须向当地税务局提供财务报表。除了法律宽松，公司在赴港/海外上市可能存在多个地点的离岸公司，伴随的是层层交错的控股关系以及纷繁复杂的资产置换。企业由于注册于境外，所以其遵从的公司法大多能归入普通法系，公司所适用的会计准则也具有较高的弹性。在这种环境下，注册于中国内地之外的上市公司如果放弃历年制会计，将不会受到中国内地会计法规的约束，从而增加了其自由选择的空间。据此，我们提出本章的第二个假设。

H5 - 2a：相比注册地在中国内地的中国民营公司而言，不在中国内地注册者更倾向于放弃历年制会计年度。

H5 - 2b：相比注册地在中国内地的中国民营公司而言，不在中国内地注册者更可能倾向采用当地的会计年度。

公司规模会影响组织结构和决策能力，进而影响中资民营企业在自由起讫日期环境下的行为模式。其一，公司规模显著影响了会计政策调整的灵活性。史密斯和鲍尔西奥（1988）与休伯曼和坎德尔（1989）发现，在西方上市公司选择其会计年度起讫日期的决策过程中，大公司相对保守，小公司则会相对灵活。其二，规模较大的企业趋向于获得更多的利润和更短的现金周期，因此其经营周期短于一个自然年度的概率越大（Jose et al.，1996）。在较短的营运周期中，企业难以找到一年中比较明显的营业低谷，因此不涉及和营业周期相匹配的问题。其三，上市公司合并报表中纳入的公司数量越多，则合并报表主体所需要兼顾的内容越多。如果母公司的结账日异于自然年度，则国内的子公司很难与境外母公司协调（马贤明和邓传洲，2005）。相比之下，大公司选择"历年制"更容易使集团内母子公司的会计年度保持一致，这样方便了企业集团的报表合并，节省了人力与时间，便利了企业内部的信息沟通，降低了企业信息处理成本，进而有利于提升会计信息的有用性。因此，合并报表中纳入的公司越多，则其越可能倾向契合当地的财政年度。综上，我们提出本章的第三个假设。

H5-3a：公司规模越大，赴港/海外上市的中资民营企业越容易坚持历年制的会计年度。

H5-3b：公司规模越大，赴港/海外上市的中资民营企业越不倾向采用当地的财政年度。

5.3　研　究　设　计

5.3.1　数　据　来　源

除了内地的沪深股市以外，中资民营企业的上市地点多为中国香港以及欧美发达经济体。中国香港和中国内地共同遵从语言习惯、地缘环境、民俗文化等中华历史传统，为我们考察会计制度差异提供了天然的试验场。因此，在香港交易所（HKEX）上市的中国内地纯 H 股公司具有自由选择会计年度起讫日期的可能，其选择具有一定的借鉴意义。除了纯 H 股公司以外，出于对上市企业数量和规模的考虑，本书集中关注纳斯达克（NASDAQ）和新加坡交易所（SGX），考察其将如何适应自由选择会计年度起讫日期的制度环境。

本书实证样本包括 2003～2022 年单纯赴港/海外上市的中资民营企业。之所以选择 2003 年为起始点，是因为赴港/海外上市的中国公司自 2003 年起的季度报告信息才能比较完整地获取，而季度报告是我们判断经营业务淡季和旺季的数据来源。我们从国泰安（Csmar）、锐思（Resset）以及万得（Wind）等数据库组合获得中国赴港/海外上市公司的基本情况，并进一步从标普（Compustat）财务与价格数据库（WRDS 平台）获取样本公司的财务信息。截至 2016 年 6 月 30 日，单纯在香港联交所上市的中资民营企业公司共计 639 家，单纯在美国纳斯达克交易所上市的中资民营企业公司共计 176 家，单纯在新加坡交易所上市的中资民营企业公司共计 181 家。为统一货币度量，我们采用公司财务年度末的汇率，将所有财务数据全部转化为以美元计价的财务数据。中国内地、中国香港、新加坡和美国的文化差异指标源自世界价值观调查（World Values Survey）的调查数据。

以此为初始样本，本章对其进行如下样本筛选：（1）删除最终控制人为国有性质的公司样本；（2）删除同时在中国内地沪深股市上市的公司样本；（3）删除在两个或两个以上境外证券交易所上市的公司样本；（4）删除行业性质为金融业（银行、保险、证券等）的公司样本[①]；（5）删除基本公司情况和年度财务信息缺失的样本；（6）删除上市年龄不足 3 年的上市公司。经过如上筛选，我们共保留 831 家公司样本。

5.3.2　变量设置

5.3.2.1　被解释变量

本章设置两类被解释变量以体现单纯赴港/海外上市的民营公司将如何在自由起讫日期环境下对其会计年度进行选择。

（1）是否坚持使用历年制会计年度（$Yend\_12$）。

利用二分类虚拟变量 $Yend\_12$ 来考察样本企业选择 12 月 31 日作为会计年度截止日期的概率。如果这些中资民营企业在赴港上市之初仍旧保持 12 月 31 日为会计年度起讫日期，则被解释变量 $Yend\_12\_Begin$ 取 1，否则取 0。根据本书第三章对主要国家和地区法定会计年度起讫日期的模式归纳，在自由起讫日期环境下，一个公司在以后的经营过程中如果认为必要，公司董事会就可以改变其会计期间并重新确定会计期间的起止日期，只要及时

---

① 剔除金融企业的原因在于：金融行业的年报信息关系国家财政政策和货币政策等宏观调控手段，同时金融行业对国家宏观调控的反应也最为敏感。为了促进金融行业之间的信息沟通，最终有利于防范和控制财政和金融风险，金融行业的会计年度应由国家统一规定，不涉及最佳会计年度起讫日期的选择问题。因此，将其从实证样本中排除。

告知政府的公司登记机关即可。由于在自由起讫日期环境下的企业通常具有变更会计年度的权利，我们将研究的时间窗口进行延展，设置另一个被解释变量 *Yend_12_Adj*，考察境外上市后的中资民营企业是否会对其会计年度起讫日期进行修改或者矫正。如果中资民营企业在赴港上市之后的一段时间内改回 12 月 31 日为会计年度起讫日期，则被解释变量 *Yend_12_Adj* 取 1，否则取 0。

（2）是否采用上市地政府指导的会计年度（*Yend_FGov*）。

从另一个视角，我们利用二分类虚拟变量来考察样本企业采用上市地政府指导的会计年度作为会计年度截止日期的概率。如果这些中资民营企业在赴港上市之初立刻采用上市地政府指导的会计年度为会计年度起讫日期，则被解释变量 *Yend_FGov_Begin* 取 1，否则取 0。同理，由于在自由起讫日期环境下的企业通常具有变更会计年度的权利，我们将研究的时间窗口进行延展，设置另一个被解释变量 *Yend_FGov_Adj*，考察境外上市后的中资民营企业是否会对其会计年度起讫日期进行修改或者矫正。如果中资民营企业在赴港上市之后的一段时间内改回 12 月 31 日为会计年度起讫日期，则被解释变量 *Yend_FGov_Adj* 取 1，否则取 0。

（3）自由选择的其他会计年度模式（*Yend_Other*）。

利用 *Yend_Other* 来表示自由选择的其他会计年度模式。如果样本企业自由选用了其他会计年度作为自己的会计年度截止日期，则 *Yend_Other* 取 1，否则取 0。

5.3.2.2　解释变量

影响会计年度起讫日期选择的微观企业特征指标包括以下三个。

其　为企业营业周期与自然年度的匹配性（*Mismatch*）。由于我们不但要考察样本公司在赴港/海外上市之时所选择的会计年度起讫日期，还要考察未来样本公司在赴港/海外上市之后是否会调整其会计年度起讫日期，因此我们选用不同的时间窗口来度量企业营业周期与自然年度的匹配性。一方面，对于在赴港/海外上市之时的二分类实证模型，我们以上市后三年（+1，+3）为时间窗口来考察公司经营周期和会计年度的契合程度。通过上市公司各季度销售商品或提供劳务平均收到的现金①来判断企业的营业周期，如果本年第四季度和次年第一季度的平均销售商品或提供劳务平均收到的现金均大于时间窗口内其他季度的平均值，则 *Mismatch_12* 为 1，否则为 0②。另一方面，对于在赴港/海外上市之后是否调整会计年度起讫日期的二分类实证模型，我们以公司年度样本的（−1，+1）窗口来考察公司经营周期和自然年度的契合程度，方法同上。同时，我们用 *Mismatch_FGov* 代表企业营业周期与上市地政府财政预算年度的匹配性。以公司年度样本的（−1，+1）为窗口，如果上市地政府财政预算年度截止日期所在季度的平均销售商品或提供劳务平均收到的现金均大于时间窗口内其他季度的平均值，则该指标为 1，否则为 0。

其二为公司规模（*Size*）。我们分别采用注册资本金和合并报表中的总资产数额来度量样本公司的规模。考察到上述两类指标的绝对值均较大，所以我们对其取自然对数，经过对数化处理后的公司规模变量（*Size*）更接近正态分布。

其三为是否在中国内地注册的二分类虚拟变量（*China_RegPlace*）。根据赴港/海外上市的中资民营企业是否将上市主体的注册地从国内迁往境外，我们设置二分类虚拟变量 *China_RegPlace*。如果上市主体的注册地仍然在内地，*China_RegPlace* 为 1。相对应的，如果上市主体的注册地在其他国家或地区③，则 *China_RegPlace* 为 0。

5.3.2.3 控制变量

为了控制赴港/海外上市中资民营企业对会计年度选择的规模效应，我们还选择其他反映样本公司特征且不随时间变化的指标变量纳入影响因素模型，以期找到影响会计年度起讫日期的真正因素。具体而言，我们在模型中纳入了

---

① 现金流因其不易被操纵的特性可视为公共信息，而应计利润由于存在大量公司管理人员的职业判断和估计，因而对于外部投资者来说可视为私人信息。总的来看，销售商品或提供劳务平均收到的现金相比会计利润更不容易被操纵，因而更适合作为判断企业营业周期的指标。

② 如果样本公司所选择的会计年度起讫日期恰为季度之间，则考察临近季度的经营情况。时间窗口内第四季度和下年度第一季度销售商品或提供劳务平均收到的现金均大于相应年度的其他季度，则 *Mismatch* 为 1，否则为 0。

③ 考虑到部分赴港/海外上市公司出于简化注册程序和避税等目的，注册地和上市地未必处于同一个国家和地区。本处所指的其他国家或地区不限于上市地。

五类控制变量：其一为样本企业聘用会计师事务所的声誉（*Big*4），如果企业聘用四大会计师事务所进行审计，则 *Big*4 取 1，否则取 0；其二为是否注册于国际避税港的虚拟变量（*TaxHaven*），如果上市公司在列支敦士登、安道尔、摩纳哥及英属维尔京群岛、百慕大、美属萨摩亚、文莱、开曼、纽埃等避税港注册，则 *TaxHaven* 取 1，否则取 0；其三为主要往来银行是否在中国境内（*ServiceBank_Ch*），如果企业的主要往来银行为中国内地境内银行，则 *ServiceBank_Ch* 取 1，否则取 0；其四为上市方式的一组控制变量（*ListWay*），我们根据样本分布，将上市方式划分为境外直接上市（*Listway_Ipo* =1）、配售（*Listway_Allot* =1）、转板上市（*Listway_Transferb* =1）和其他上市方式（*Listway_Other*）① 四大类；其五为上市板块（*Mainboard*），如果在主板上市则 *Mainboard* 取 1，在其他板块上市取 0；其六为资产负债率（*Lev*）；其七为总资产收益率（*Roa*），即用公司当年会计利润除以期初期末平均总资产；其八为上一期的同行业中其他公司选择同类会计年度模式的比例（*Currency_Native*）。此外，我们还控制了行业固定效应和公司成立注册的年代固定效应②。

表 5.1 是对被解释变量、解释变量、控制变量的定义和度量。

表 5.1   **主要变量的定义**

变量	符号	定义和度量
因变量	*Yend_12*	历年制模式。如果采用样本企业选择 12 月 31 日作为自己的会计年度截止日期，则 *Yend_12* 取 1，否则取 0
	Yend_FGov	契合政府财政预算年度的会计年度模式。如果样本企业采用上市地政府指导的会计年度作为自己的会计年度截止日期，则 *Yend_FGov* 取 1，否则取 0
	Yend_Other	自由选择的其他会计年度模式。如果样本企业自由选用了其他会计年度作为自己的会计年度截止日期，则 *Yend_Other* 取 1，否则取 0

---

① 其他上市方式包括买壳上市（造壳上市）以及二次上市。
② 此处的年代固定效应由四个虚拟变量来替代，分别为 20 世纪 80 年代（*Estyear_80*）、20 世纪 90 年代（*Estyear_90*）、21 世纪前 10 年（*Estyear_00*）以及 21 世纪第二个 10 年（*Estyear_10*）。如果企业成立于 1983～1989 年之间，则 *Estyear_80* 取 1，否则取 0；如果企业成立于 1990～1999 年之间，则 *Estyear_90* 取 1，否则取 0；如果企业成立于 2000～2009 年之间，则 *Estyear_00* 取 1，否则取 0；如果企业成立于 2010～2019 年之间，则 *Estyear_10* 取 1，否则取 0；如果企业成立于 2020～2022 年之间，则 *Estyear_20* 取 1，否则取 0。

续表

变量	符号	定义和度量
主要解释变量	Mismatch_12	企业营业周期与自然年度的匹配性。以公司年度样本的（−1，+1）为窗口，如果当年第四季度以及次年第一季度的平均销售商品或提供劳务平均收到的现金均大于时间窗口内其他季度的平均值，则该指标为1，否则为0
	Mismatch_FGov	企业营业周期与上市地政府财政预算年度的匹配性。以公司年度样本的（−1，+1）为窗口，如果上市地政府财政预算年度截止日期所在季度的平均销售商品或提供劳务平均收到的现金均大于时间窗口内其他季度的平均值，则该指标为1，否则为0
	China_RegPlace	注册地是否在中国内地。如果注册地在中国内地，则 China_RegPlace 取1，否则取0
	Size	企业规模，即总资产的自然对数
控制变量	Lev	资产负债率
	Roa	总资产收益率。即用公司当年会计利润除以期初期末平均总资产
	Listway_Allot	如果样本公司的上市方式为配售，则 Listway_Allot 取1，否则取0
	Listway_Ipo	如果样本公司的上市方式为境外直接上市，则 Listway_Ipo 取1，否则取0
	Listway_Transferb	如果样本公司的上市方式为转板上市，则 Listway_Transferb 取1，否则取0
	Listway_Other	如果样本公司的上市方式为除上述三种上市方式以外的其他上市方式，则 Listway_Other 取1，否则取0
	Mainboard	上市板块。如果在主板上市则 Mainboard 取1，在其他板块上市取0
	Big4	聘用审计师事务所的声誉。如果样本公司聘用四大会计师事务所进行审计，则 Big4 取1，否则取0
	TaxHaven	注册于国际避税港的虚拟变量。如果上市公司的注册地位于列支敦士登、安道尔、摩纳哥及英属维尔京群岛、百慕大、美属萨摩亚、文莱、开曼、纽埃等国际避税港，则 TaxHaven 取1，否则取0
	ServiceBank_Ch	主要往来银行是否在中国内地。如果企业的主要往来银行为中国内地银行，则 ServiceBank_Ch 取1，否则取0
	Currency_Native	上一期的同行业中其他公司选择同类会计年度模式的比例

5.3.3 实证模型

我们使用 Logit 模型考察这些获得会计年度自由选择权的单纯赴港/海外上市的中资民营企业是否愿意坚持历年制会计年度或者重新选择其他形式的起讫日期。

为了研究其获得自由选择权初期的会计年度选择，我们设定式（5.1）。该式左边的被解释变量（*Yend*）分别代表上市之时是否选择公历年度为会计年度或上市地的政府指导会计年度（*Yend_12_Begin*、*Yend_FGov_Begin*）以及上市之后是否选择公历年度为会计年度或上市地的政府指导会计年度（*Yend_12_Adj*、*Yend_FGov_Adj*）[①]。等号右边的解释变量分别为 *Mismatch_12* 和 *Mismatch_FGov*，同时，在稳健性检验时，我们还用变更后的会计年度替换上市之初的会计年度，来考察经营周期与公历年度匹配性、其他公司特征对公司会计年度起讫日期选择的影响。

$$Yend = \beta_0 + \beta_1 Mismatch\_12 + \beta_2 Mismatch\_FGov + \beta_3 China\_RegPlace$$
$$+ \beta_4 Size + \beta_5 Gap\_Trust + \beta_6 Gap\_Fairness$$
$$+ \beta_7 Gap\_Individualism + Controls + \varepsilon \qquad (5.1)$$

为了研究其获得自由选择权后期的会计年度调整，我们设定式（5.2）。进一步，运用生存分析来研究初期选择不同会计分期模式的样本公司是否有更长的坚持概率。我们首先根据 Kaplan – Meier 的非参数估计方法，在未纳入协变量以及未计算条件存活概率的基础上，估计出生存率方程，并将样本公司在特定时间之前坚持初期选择会计分期模式的概率绘制成生存曲线。接下来，我们针对生存分析分别估计了两个相关的回归模型，即 Weibull 回归和 Cox 比例风险模型，如式（5.2）以及式（5.3）所示。

$$\text{Weibull：} h(t) = (\exp(-X(t)'\beta/\sigma)) h_0(t) \quad \text{where } h_0(t) = t^{\alpha}/\sigma \quad (5.2)$$
$$\text{Cox's：} h(t) = (\exp(X(t)'\beta)) h_0(t) \qquad (5.3)$$

[①] 为了提高研究结论的稳健性，我们在稳健性检验中采用滞后一期的公司特征来替换当期公司特征来减少内生性问题，模型结果与该部分主模型基本一致，限于篇幅，正文部分未予列报。

式 (5.2) 中, Weibull 回归等号右边的 $h_0(t)$ 为基准风险率, 独立于 $X(t)$ 并且与 t^α 曲线成比例, 即 $\alpha = (1 - \sigma)/\sigma$。然而, 式 (5.3) 中, Cox 风险模型等号右边的基准风险率 $h_0(t)$ 却没有明确定义。在这两种回归形式中, 被解释变量 $h(t)$ 是放弃初期选择会计年度模式的风险比例: $h(t)$ 所代表的风险越高, 则坚持初期选择会计年度模式的周期越短。$X(t)$ 是随时间变异的解释变量所构成的一个向量, 包括本章七类主要解释变量以及一系列的控制变量, 包括资产负债率、总资产收益率、上市方式、注册地是否在避税港、往来银行是否在中国内地, 此外我们还控制了年度、区域等固定效应。

5.4 实证结果

5.4.1 样本分布

5.4.1.1 行业和年度分布

这次调研覆盖了 1983～2022 年度, 具体情况如表 5.2 所示。可见单纯赴港/海外上市的中资民营企业所在的行业从高到低依次为消费品制造业、公用事业、消费者服务业、工业、金融业、地产建筑业。另从年度分布来看, 单纯赴港/海外上市的中资民营企业在 2000 年到 2001 年期间超过了 100 家, 并自此加速增加。到 2022 年底, 已经达到了 965 家。

表 5.2　　单纯赴港/海外上市的中资民营企业的行业和年度分布表

年份	工业	消费品制造业	消费者服务业	公用事业	金融业	地产建筑业	合计
1983	0	1	0	0	0	0	1
1984	0	1	0	0	0	0	1
1985	0	1	0	0	0	0	1

续表

年份	工业	消费品制造业	消费者服务业	公用事业	金融业	地产建筑业	合计
1986	0	1	0	0	0	0	1
1987	0	0	0	0	0	0	0
1988	0	0	0	0	0	0	0
1989	0	1	0	0	1	1	3
1990	0	1	0	0	1	1	3
1991	1	2	0	0	1	1	5
1992	1	2	0	0	1	1	5
1993	1	2	1	0	1	1	6
1994	1	5	2	2	2	1	13
1995	3	6	3	4	2	1	19
1996	3	8	2	5	3	1	22
1997	8	22	5	11	7	3	56
1998	8	24	5	16	8	4	65
1999	9	29	5	21	9	4	77
2000	11	34	7	24	9	4	89
2001	15	44	8	33	10	4	114
2002	21	56	13	40	11	6	147
2003	25	73	21	53	14	6	192
2004	31	86	27	60	16	6	226
2005	32	96	29	66	16	6	245
2006	37	101	31	69	17	6	261
2007	42	111	38	73	19	6	289
2008	46	125	41	78	21	6	317
2009	51	143	43	81	22	6	346
2010	57	177	57	91	24	8	414
2011	66	237	71	103	30	8	515
2012	69	261	89	118	34	8	579
2013	73	278	104	127	34	8	624

年份	工业	消费品制造业	消费者服务业	公用事业	金融业	地产建筑业	合计
2014	76	296	104	130	34	8	648
2015	81	340	128	138	46	12	745
2016	86	318	113	142	40	10	709
2017	90	333	120	149	42	10	745
2018	95	357	125	153	42	12	784
2019	100	376	135	164	46	15	835
2020	102	395	142	171	48	15	873
2021	106	414	151	181	51	17	920
2022	109	433	159	190	55	19	965
合计	1456	5189	1779	2494	717	224	11859

5.4.1.2 会计年度截止日期的分布

样本公司赴港/海外上市后的会计年度起讫日期选择如表5.3所示，该表的样本包括在期间退市的上市公司。总体来看，赴港/海外上市的中资民营企业常选用如下四种形式的会计年度，即历年制、四月制、七月制和十月制。总体来看，超过一半的样本公司采用了12月31日作为会计年度截止日期。这说明即便给予上市公司自由选择起讫日期的权利，接近一半的上市公司仍然倾向于保持既有的历年制不变。

表5.3   单纯赴港/海外上市的中资民营企业的会计年度起讫日期分布

A栏：单纯在香港联合交易所上市的中资民营企业样本				
截止月份	上市第一年（IPO Year）		公司－年度（Firm－Year）	
	频数	百分比	频数	百分比
1	0	0.00%	0	0.00%
2	0	0.00%	0	0.00%
3	166	13.99%	1152	15.69%

A栏：单纯在香港联合交易所上市的中资民营企业样本				
截止月份	上市第一年（IPO Year）		公司–年度（Firm–Year）	
	频数	百分比	频数	百分比
4	15	1.25%	63	0.86%
5	0	0.00%	0	0.00%
6	30	2.51%	108	1.47%
7	0	0.00%	0	0.00%
8	7	0.56%	18	0.25%
9	10	0.84%	31	0.43%
10	0	0.00%	8	0.11%
11	0	0.00%	0	0.00%
12	960	80.85%	5961	81.19%
Sum	1188	100.00%	7341	100.00%

B栏：单纯在美国纳斯达克证券交易所上市的中资民营企业样本				
截止月份	上市第一年（IPO Year）		公司–年度（Firm–Year）	
	频数	百分比	频数	百分比
1	0	0.00%	12	0.83%
2	0	0.00%	0	0.00%
3	25	9.15%	55	4.13%
4	0	0.00%	6	0.45%
5	0	0.00%	0	0.00%
6	22	7.93%	65	4.88%
7	0	0.00%	0	0.00%
8	8	3.05%	10	0.74%
9	26	9.76%	66	4.95%
10	0	0.00%	0	0.00%
11	0	0.00%	15	1.12%
12	190	70.12%	1105	82.91%
Sum	271	100.00%	1334	100.00%

续表

C栏：单纯在新加坡交易所上市的中资民营企业样本				
截止月份	上市第一年（IPO Year）		公司－年度（Firm－Year）	
	频数	百分比	频数	百分比
1	0	0.00%	0	0.00%
2	0	0.00%	0	0.00%
3	20	10.91%	173	13.31%
4	2	0.91%	33	2.55%
5	0	0.00%	0	0.00%
6	26	14.55%	96	7.38%
7	0	0.00%	0	0.00%
8	0	0.00%	0	0.00%
9	0	0.00%	10	0.76%
10	0	0.00%	0	0.00%
11	0	0.00%	0	0.00%
12	134	73.64%	988	76.00%
Sum	182	100.00%	1300	100.00%

其中，坚持采用 12 月 31 日作为会计年度截止日期的比例最高。据本书统计，在香港联合交易所上市的中资民营企业样本中占比 81.19%[①]，在美国纳斯达克证券交易所的中资民营企业样本中占比 82.91%，在新加坡交易所上市的中资民营企业样本中占比 76.00%，可见距离中国内地的地理距离越远，则坚持采用历年制会计年度起讫日期的公司占比越低。

分别从本书选取的三类样本来看，7341 个内地在港上市和 1300 个在新加坡交易所上市的民营公司样本中，1152 个样本（占比 15.69%）在港上市样本以及 173 家（占比 13.31%）在新加坡上市样本选用了四月制会计年度，

---

① 相比徐世琴（2010）对全部在港上市公司的抽样统计结果，本书样本中采用历年制会计年度的样本比例（81.19%）略高于徐世琴（2010）的统计结果，说明内地民营公司在赴港上市后倾向于年底作为会计年度的截止时间。

仅次于历年制会计年度；1334 个内地在美国上市的民营公司样本中，66 家（占比 4.95%）的样本采用了十月制会计年度，同样仅次于历年制会计年度。究其原因，香港和新加坡的政府指导会计年度为 4 月 1 日至 3 月 31 日，而美国的政府指导会计年度为 10 月 1 日至 9 月 30 日。

5.4.2 描述性统计

在表 5.4 中，A 栏展示了全样本中主要变量的描述性统计，可见在本书的样本中，83.40% 的样本选择了以 12 月作为会计年度起讫日期，15.20% 的样本选择了以政府指导的财政年度起讫日期作为会计年度起讫日期，另有 1.40% 的样本选择了以其他月份作为会计年度起讫日期，B 栏展示了对不同分组的均值和中位数检验结果。表 5.5 展示了主要变量的相关系数矩阵。

5.4.3 回归分析

5.4.3.1 获得自由选择权初期的会计年度选择

由表 5.6 可以看出，如果公历年底恰为企业经营业务的高峰期（$Mismatch\_12 = 1$），则单纯赴港/海外上市的中资民营企业更不愿意选择 12 月作为结账期，而更愿意选择上市地的政府财政预算年度为自己的会计年度。相反，如果上市地的政府财政预算年度恰为企业经营业务的高峰期（$Mismatch\_FGov = 1$），则单纯赴港/海外上市的中资民营企业更愿意选择 12 月作为结账期。$China\_RegPlace$ 的系数在第（1）列上显著为正，意味着那些注册于中国内地的样本企业更倾向于坚持历年制会计年度模式。$Size$ 的回归系数在第一列中显著为正，但是在第（2）~（3）列中显著为负，说明规模较大的企业更倾向于坚持历年制会计。此外，我们还发现上市地与中国内地的文化差异越大，则样本企业坚持历年制会计的概率越低。

表 5.4　　主要变量的描述性统计

A栏：全样本描述性统计

变量	频数	均值	标准差	P10	Q1	中位数	Q3	P90
Yend_12	9975	0.834	0.383	0.000	1.000	1.000	1.000	1.000
Yend_FGov	9975	0.152	0.297	0.000	0.000	0.000	0.000	1.000
Yend_Other	9975	0.014	0.259	0.000	0.000	0.000	0.000	0.000
Mismatch_12	9975	0.236	0.452	0.000	0.000	0.000	1.000	1.000
Mismatch_FGov	9975	0.375	0.201	0.000	0.000	0.000	1.000	1.000
China_RegPlace	9975	0.330	0.687	0.000	0.000	0.000	1.000	1.000
Size	9975	7.595	2.702	4.445	5.525	7.474	8.615	10.395
Lev	9975	0.351	0.337	0.043	0.072	0.255	0.577	0.887
Roa	9975	0.012	0.156	-0.080	0.001	0.012	0.063	0.159
Listway_Allot	9975	0.152	0.378	0.000	0.000	0.000	0.000	1.000
Listway_Ipo	9975	0.499	0.459	0.000	0.000	0.000	1.000	1.000
Listway_Transferb	9975	0.073	0.247	0.000	0.000	0.000	0.000	0.000
Listway_Other	9975	0.276	0.481	0.000	0.000	0.000	1.000	1.000
Mainboard	9975	0.814	0.413	0.000	1.000	1.000	1.000	1.000
Big4	9975	0.690	0.432	0.000	0.000	1.000	1.000	1.000
TaxHaven	9975	0.428	0.504	0.000	0.000	0.000	1.000	1.000
ServiceBank_Ch	9975	0.558	0.519	0.000	0.000	1.000	1.000	1.000
Currency_Native	9975	0.348	0.447	0.000	0.000	0.000	1.000	1.000

续表

B栏：分组均值和中位数检验

变量	Yend_FGov (N=1476) 均值	Yend_FGov (N=1476) 中位数	Yend_12 (N=7925) 均值	Yend_12 (N=7925) 中位数	Yend_Other (N=574) 均值	Yend_Other (N=574) 中位数	Yend_Other VS. Yend_12 均值T检验	Yend_Other VS. Yend_12 中位数Z检验	Yend_Other VS. Yend_FGov 均值T检验	Yend_Other VS. Yend_FGov 中位数Z检验	Yend_FGov VS. Yend_12 均值T检验	Yend_FGov VS. Yend_12 中位数Z检验
Mismatch_12	0.356	0.000	0.236	0.000	0.339	0.000	7.69***	7.55***	-1.33	-1.36	7.68***	7.70***
Mismatch_FGov	0.308	0.000	0.289	0.000	0.365	0.000	6.06***	6.12***	3.31***	1.67*	6.90***	7.09***
China_RegPlace	0.226	0.000	0.368	0.000	0.172	0.000	-2.38**	-4.68***	-2.31**	-1.80*	-5.10***	-7.69***
Size	6.024	5.636	7.726	7.401	5.268	5.218	-16.7***	-16.7***	-6.16***	-4.37***	-19.6***	-16.9***
Lev	0.517	0.494	0.336	0.223	0.409	0.348	6.12***	7.25***	-4.11***	-4.28***	15.1***	15.6***
Roa	0.035	0.040	0.020	0.012	0.005	0.006	-5.11***	-5.26***	-6.49***	-6.22***	3.01***	2.59***
Listway_Allot	0.336	0.000	0.155	0.000	0.152	0.000	-0.36	-0.32	-6.98***	-2.77***	12.6***	13.1***
Listway_Ipo	0.462	0.000	0.460	0.000	0.433	0.000	-1.80*	-1.69*	-2.14**	-2.24**	0.03	0.02
Listway_Transferb	0.050	0.000	0.074	0.000	0.136	0.000	2.81***	2.55***	3.83***	3.90***	-2.37**	-2.38***
Listway_Other	0.259	0.000	0.439	0.000	0.448	0.000	0.09	0.08	5.30***	5.22***	-6.40***	-7.66***
Mainboard	0.717	1.000	0.768	1.000	0.651	1.000	-5.33***	-5.38***	-2.70***	-2.71***	-2.26**	-2.27***
Big4	0.488	0.000	0.695	1.000	0.502	1.000	-7.30***	-7.22***	0.67	0.77	-8.66***	-8.58***
TaxHaven	0.650	1.000	0.396	0.000	0.503	0.000	3.86***	3.89***	-4.46***	-4.45***	13.6***	13.7***
ServiceBank_Ch	0.430	0.000	0.637	1.000	0.308	0.000	-15.3***	-15.1***	-5.25***	-5.14***	-7.66***	-7.67***
Currency_Native	0.371	0.000	0.455	0.000	0.627	1.000	5.28***	5.69***	7.66***	7.70***	-4.02***	-4.17***

注：* 表示 p < 0.10，** 表示 p < 0.05，*** 表示 p < 0.01。

表 5.5

主要变量的相关系数

变量	Yend_12	Yend_FGov	Yend_Other	Mismatch_12	Mismatch_FGov	China_RegPlace	Size	Lev	Roa	Listway_Allot	Listway_Ipo	Listway_Transferb	Listway_Other	Mainboard	Big4	TaxHaven	ServiceBank_Ch	Currency_Native
Yend_12	1	-0.731***	-0.586***	-0.162***	0.126***	0.143**	0.326***	-0.198***	-0.084**	-0.110***	0.007	-0.001	0.075**	0.069**	0.140***	-0.151***	0.206***	-0.005
Yend_FGov	-0.769***	1	-0.077***	0.116***	-0.106***	-0.115***	-0.202***	0.176***	0.090***	0.163***	0.001	-0.033*	-0.101***	-0.025	-0.111***	0.150***	-0.121***	-0.070**
Yend_Other	-0.603***	-0.083***	1	-0.051*	0.032*	-0.023	-0.206***	0.083**	0.035*	-0.017	-0.012	0.036**	0.008	-0.061*	-0.081**	0.042*	-0.159***	0.077***
Mismatch_12	-0.160***	0.116***	-0.043*	1	-0.396***	0.203***	0.199***	-0.300***	-0.255***	0.018	-0.013	-0.105***	-0.001	0.150***	0.069*	-0.315***	0.303***	0.017
Mismatch_FGov	0.113**	-0.079**	0.030	-0.327***	1	0.011	-0.119***	0.141***	0.229***	0.028*	0.073**	0.053*	-0.080**	-0.140***	0.053	0.440***	-0.240***	-0.106***
China_RegPlace	0.080**	-0.060*	-0.033	0.119*	0.029*	1	-0.059*	-0.227***	0.697***	-0.078**	0.121***	0.050	-0.079**	0.015	0.012	-0.203***	-0.131***	-0.045**
Size	0.326***	-0.190***	-0.233***	0.117*	-0.101*	-0.103*	1	-0.430***	-0.301***	-0.112***	0.040**	-0.251***	0.047	0.429***	0.279***	-0.208***	0.526***	-0.129***
Lev	-0.177***	0.170***	0.068**	-0.439***	0.369***	0.140***	-0.383***	1	-0.127***	0.021*	0.169***	-0.015	-0.156***	-0.023	0.052	0.570***	-0.170***	-0.200***
Roa	-0.051	0.074**	-0.020	-0.135***	0.376***	0.755***	-0.235***	-0.169***	1	0.023	0.239***	0.019	-0.263***	0.007	-0.004	0.316***	-0.106***	-0.160***
Listway_Allot	-0.126***	0.147***	-0.017	0.023	0.043***	-0.051***	-0.098***	0.036*	0.023	1	-0.091***	-0.122***	-0.390***	-0.292***	-0.190***	0.186***	0.128***	-0.296***
Listway_Ipo	0.008	0.002	-0.012	-0.019	0.065*	0.061*	0.062*	0.159***	0.183***	-0.090***	1	-0.265***	-0.816***	0.258***	0.120***	0.156***	-0.015	-0.202***
Listway_Transferb	-0.003	-0.030*	0.040**	-0.103***	0.035*	0.006	-0.20***	-0.025	-0.029	-0.132***	-0.268***	1	-0.265***	-0.203***	-0.197***	-0.176***	-0.193***	0.221***
Listway_Other	0.073**	-0.112***	0.006	-0.001	-0.086***	-0.033**	0.035**	-0.166***	-0.202***	-0.323***	-0.668***	0.326***	1	-0.025*	0.020	-0.221***	-0.050***	0.340***
Mainboard	0.058*	-0.023	-0.065*	0.140***	-0.163***	0.030*	0.410***	-0.021	0.007	-0.276***	0.260***	-0.201***	-0.025*	1	0.358***	0.185***	0.303***	-0.230***
Big4	0.140***	-0.112***	-0.090***	0.065*	0.050	0.015	0.282***	0.068**	-0.011	-0.180***	0.122***	-0.193***	0.019	0.363***	1	0.205***	0.217***	-0.087**
TaxHaven	-0.140***	0.143***	0.040**	-0.325***	0.340***	-0.211***	-0.233***	0.534***	0.224***	0.181***	0.152***	-0.174***	-0.220***	0.183***	0.206***	1	0.232***	-0.570***
ServiceBank_Ch	0.200***	-0.123***	-0.160***	0.312***	-0.180***	-0.003	0.472***	-0.101***	-0.040	0.132***	-0.013	-0.190***	-0.052	0.311***	0.218***	0.225***	1	-0.475***
Currency_Native	-0.005	-0.060**	0.082**	0.025	-0.075**	-0.009	-0.110***	-0.217***	-0.120***	-0.310***	-0.202***	0.216***	0.340***	-0.214***	-0.084**	-0.570***	-0.475***	1

注：* 表示 p < 0.10，** 表示 p < 0.05，*** 表示 p < 0.01。左下角列示的为 Pearson 相关系数，右上角列示的为 Spearman 相关系数。

表5.6   获得自由选择权初期的会计年度选择

Dep. Var. =	Yend_12	Yend_FGov	Yend_Other
	(1)	(2)	(3)
Mismatch_12	− 0.080 ** (− 2.40)	0.082 ** (2.12)	0.017 (1.32)
Mismatch_FGov	0.075 * (1.93)	− 0.090 *** (− 3.16)	0.035 (1.33)
China_RegPlace	0.596 * (1.90)	− 0.615 (− 1.45)	− 0.776 (− 1.60)
Size	0.710 *** (6.06)	− 0.685 *** (− 5.06)	− 0.206 *** (− 4.11)
Gap_Trust	− 0.055 * (− 1.92)	0.020 (1.55)	0.051 * (1.93)
Gap_Fairness	− 0.156 (− 1.15)	0.060 * (1.68)	0.052 (1.45)
Gap_Individualism	− 0.040 ** (− 2.00)	0.036 * (1.78)	0.090 * (1.72)
Lev	− 0.359 (− 1.06)	0.640 ** (3.06)	− 0.463 ** (− 2.40)
Roa	0.096 (1.62)	0.139 (1.33)	− 0.608 (− 1.27)
Mainboard	0.459 ** (2.19)	− 0.706 ** (− 2.38)	0.385 (1.03)
Big4	0.621 ** (2.40)	− 0.868 *** (− 2.89)	− 0.159 (− 0.83)
Taxhaven	0.515 ** (− 2.26)	− 0.470 * (− 1.88)	1.059 *** (2.68)
Servicebank_Ch	1.039 *** (3.88)	− 0.969 *** (− 3.29)	− 0.409 (− 1.06)
Currency_Native	0.469 (1.17)	− 1.239 ** (− 2.40)	1.059 ** (2.13)

续表

Dep. Var. =	Yend_12	Yend_FGov	Yend_Other
	(1)	(2)	(3)
Listway_Allot	−0.409 (−1.06)	0.839 ** (1.98)	−1.267 (−1.12)
Listway_Ipo	0.221 ** (2.36)	−0.237 ** (−2.30)	−0.176 (−0.96)
Listway_Transferb	0.121 ** (2.41)	−0.069 (−1.28)	−0.030 ** (−2.37)
Listway_Other	1.003 *** (3.39)	−0.967 *** (−3.11)	−0.293 (−1.52)
Constant	−3.983 *** (−3.19)	3.697 *** (2.96)	6.369 ** (2.11)
Year, Ind, Region	Yes	Yes	Yes
N	1641	1641	1641
Pseudo R − squared	0.269	0.276	0.258

注：括号内为 t 值，* 表示 $p < 0.10$，** 表示 $p < 0.05$，*** 表示 $p < 0.01$。回归中按照 Gvkey 进行了 Cluster by firm 的处理。

5.4.3.2 获得自由选择权后期的会计年度调整

进一步的，我们再从获得自由选择权后期的会计年度调整的角度来构建生存模型，考察单纯赴港/海外上市的中资民营企业长期选择情况。针对样本企业坚持初期会计年度选择的时间长度，图 5.1 ~ 图 5.3 绘制了生存曲线，从而展示了基于 Kaplan - Meier 方法的生存率估计值。其中，横坐标 ListAge 表示上市年度截止到特定时间点（如横轴所示），纵坐标 baseline Survivor 表示生存率，实线部分展示了样本企业坚持初期会计年度选择的概率。从图 5.1 ~ 图 5.3 中可以看出，在生存曲线可以反映的整个区间，初期契合政府财政预算年度样本公司坚持时间最长，初期选择"历年制"会计年度样本公司坚持的年限次之，初期选择其他会计年度样本公司坚持时间最短。如上结果说明与政府财政预算年度保持一致才是最为持久的一种会计年度模式选择。

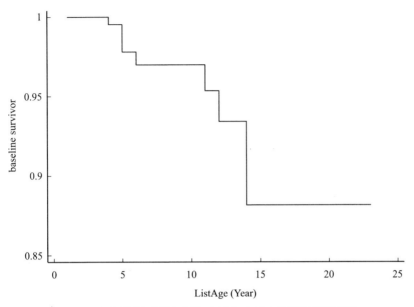

图5.1 初期选择"历年制"会计年度样本公司的后期调整

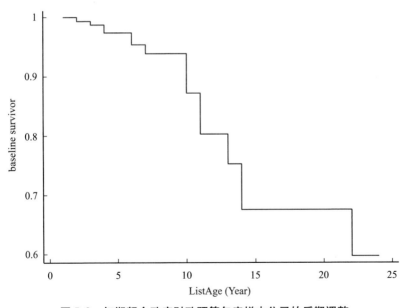

图5.2 初期契合政府财政预算年度样本公司的后期调整

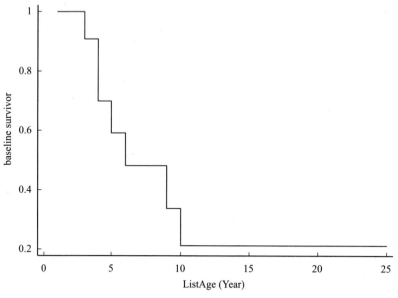

图5.3　初期选择其他会计年度样本公司的后期调整

　　表5.7列示了样本公司赴港/海外上市后期的 Weibull 回归模型。其中，第（1）列的被解释变量为放弃历年制会计年度的 Weibull 回归的风险比（*Harzard_weibull*），模型中的系数采用非指数化的形式予以呈报。*Mismatch_Fgov* 和 *China_RegPlace* 的回归系数在第（1）列中显著为负，*Gap_Trust* 和 *Gap_Fairness* 的回归系数在第（1）列中显著为正，说明和上市地财政预算年度不一致的经营周期、在中国内地注册可以帮助样本企业公司在更长的时间内降低放弃历年制会计年度的风险，但是中外文化差异却会加速样本企业放弃历年制会计。同样，我们还采用 Cox 比例风险模型来替代 Weibull 回归，实证结果保持高度一致。为节省篇幅，我们不予报告。

表5.7　　　　　　上市后期的会计年度起讫日期调整：**Weibull** 回归

Dep. Var. =	*Drop_Yend_12*	*Drop_Yend_FGov*	*Drop_Yend_Other*
	（1）	（2）	（3）
Mismatch_12	0.536 (1.55)	−1.036 (−0.71)	−0.693 (−0.40)

续表

Dep. Var. =	Drop_Yend_12	Drop_Yend_FGov	Drop_Yend_Other
	(1)	(2)	(3)
Mismatch_FGov	−0.836* (−1.70)	0.619** (2.15)	1.103* (1.82)
China_RegPlace	−0.739*** (−2.63)	−0.229 (−1.37)	0.301*** (2.62)
Size	−0.486*** (−5.11)	0.040 (1.52)	0.860*** (2.58)
Gap_Trust	1.132* (1.85)	−0.769* (−1.72)	−0.090 (−1.31)
Gap_Fairness	0.416** (2.12)	−0.402 (−1.15)	−0.576 (−0.68)
Gap_Individualism	0.606 (1.50)	1.096 (0.63)	−0.869 (−0.66)
Lev	−1.216 (−0.62)	−1.266 (−1.28)	1.717 (1.66)
Roa	−0.809 (−0.97)	−0.239 (−0.55)	0.406 (0.63)
Mainboard	0.836 (0.77)	0.440 (0.64)	0.103 (0.37)
Big4	−1.063 (−1.36)	1.339 (1.50)	0.963 (0.60)
Taxhaven	1.968* (1.85)	2.751*** (2.93)	1.785* (1.69)
Servicebank_Ch	−1.639 (−1.39)	−0.040 (−0.07)	−1.037 (−1.18)
Currency_Native	−2.323 (−1.59)	1.396 (1.30)	0.909 (1.36)

Dep. Var. =	Drop_Yend_12	Drop_Yend_FGov	Drop_Yend_Other
	(1)	(2)	(3)
Listway_Allot	− 1. 358 ** (− 2. 03)	0. 411 (0. 52)	0. 727 (1. 63)
Listway_Ipo	− 1. 139 *** (− 3. 57)	− 1. 067 (− 1. 27)	− 0. 230 (− 1. 16)
Listway_Transferb	1. 691 (1. 32)	− 0. 780 (− 0. 57)	0. 409 (0. 55)
Listway_Other	− 4. 339 *** (− 3. 22)	− 3. 867 (− 1. 26)	0. 157 (0. 70)
Year, Ind, Region	Yes	Yes	Yes
Observations	2063	715	587
Pseudo R − squared	0. 402	0. 332	0. 135

注: 括号内为 t 值, * 表示 $p < 0.10$, ** 表示 $p < 0.05$, *** 表示 $p < 0.01$。回归中按照 Gvkey 进行了 Cluster by firm 的处理。

5.4.4　稳健性检验

5.4.4.1　更换 Mismatch 的度量方法

从会计盈余的构成看, 会计盈余由经营活动产生的现金流净额和应计利润两部分组成。现金流一般被认为是不易受人为因素影响, 应计利润大量地运用会计职业判断和估计, 而极易受人为因素影响。因此, 我们在主回归中采用销售商品和提供劳务的现金流入来测量经营周期和会计年度的不匹配性 (Mismatch)。为了不失一般性, 我们在稳健型检验中, 更换 Mismatch 的度量方法, 采用季度销售收入来对 Mismatch 进行重新度量。为和主回归区别开来, 我们使用 Misrev 作为变量符号。回归结果如表 5.8 所示, Misrev_12 的系数在第 (1) 列统计上显著为负, 在第 (2) 列显著为正, 意味着那些第一季度和第四季度均为经营旺季的企业更倾向于改为契合上市地的财政预算年度; Misrevh_FGov 的系数在第 (1) 列统计上依然显著为正, 在第 (2) 列统计上显著为负，意味着那些在上市地财政预算年度截止日期附近恰为本企业经营旺季的样本公司偏好坚持历年制会计年度截止日期。

表5.8   使用营业收入对 Mismatch 进行重新度量

Dep. Var. =	Yend_12	Yend_FGov	Yend_Other
	（1）	（2）	（3）
Misrev_12	－ 0.069 * （－1.73）	0.060 ** （2.11）	0.055 （1.59）
Misrev_FGov	0.062 * （1.91）	－ 0.050 ** （－2.17）	0.093 （1.27）
China_RegPlace	0.506 * （1.94）	0.715 （－1.32）	－ 0.693 * （－1.88）
Size	0.611 *** （9.67）	－ 0.668 *** （－5.39）	－ 0.628 *** （－11.3）
Gap_Trust	－ 0.112 ** （－2.11）	－ 0.110 （－1.06）	0.072 ** （2.06）
Gap_Fairness	－ 0.090 （－1.62）	0.052 * （1.91）	0.040 （1.36）
Gap_Individualism	－ 0.025 * （－1.78）	0.193 * （1.70）	0.055 * （1.72）
Lev	－ 0.336 （－1.57）	0.572 *** （4.37）	－ 0.557 *** （－2.66）
Roa	0.221 * （1.78）	0.112 （1.36）	－ 0.647 （－1.63）
Mainboard	0.236 *** （6.39）	－ 0.811 *** （－4.79）	0.163 （0.86）
Big4	0.396 *** （4.07）	－ 0.696 *** （－4.40）	－ 0.139 （－1.15）
Taxhaven	－ 0.853 *** （－3.40）	－ 0.563 * （－1.90）	1.023 *** （3.16）
Servicebank_Ch	1.022 *** （5.69）	－ 1.071 *** （－5.78）	－ 0.628 （－1.36）

续表

Dep. Var. =	Yend_12	Yend_FGov	Yend_Other
	(1)	(2)	(3)
Currency_Native	0. 269 (1. 22)	− 0. 379 ** (− 2. 21)	0. 352 *** (3. 41)
Listway_Allot	− 0. 062 (− 0. 37)	0. 323 * (1. 82)	− 0. 717 (− 1. 38)
Listway_Ipo	0. 779 ** (2. 37)	− 1. 031 *** (− 3. 29)	− 0. 831 * (− 1. 93)
Listway_Transferb	0. 087 *** (3. 19)	− 0. 090 * (− 1. 80)	− 0. 060 *** (− 2. 96)
Listway_Other	1. 026 *** (3. 15)	− 0. 886 *** (− 3. 22)	− 0. 936 (− 1. 92)
Constant	− 5. 636 *** (− 7. 69)	− 1. 153 ** (− 1. 96)	9. 518 *** (6. 21)
Year, Ind, Region	Yes	Yes	Yes
N	1641	1641	1641
Pseudo R − squared	0. 253	0. 192	0. 220

注: 括号内为 t 值, ∗ 表示 p < 0. 10, ∗∗ 表示 p < 0. 05, ∗∗∗ 表示 p < 0. 01。回归中按照 Gvkey 进行了 Cluster by firm 的处理。

5.4.4.2 公司 – 年度层面（Firm – Year）的 Logistic 回归

由于我们不但要考察样本公司在赴港/海外上市之时所选择的会计年度起讫日期，还要考察未来样本公司在赴港/海外上市之后是否会调整其会计年度起讫日期，因此我们在主回归中分别选用不同的时间窗口来考察样本企业对会计年度的选择行为。为了综合性地反映其初选和调整行为，我们利用公司 – 年度层面（Firm – Year）的样本重新构建 Logistic 回归，回归结果如表 5.9 所示。从企业营业周期与会计年度的匹配性（Mismatch_12、Mismatch_FGov）、注册地是否在中国内地（China_RegPlace）、企业规模（Size）、信任文化和非信任文化之间的差异（Gap_Trust）、阶层文化与平等文化之间的差异（Gap_Fairness）、个人主义和集体主义的差异（*Gap_Individualism*）六类主要解释变量来看，和主回归的发现保持了高度一致。

表5.9 公司 - 年度层面的 Logistic 回归

Dep. Var. =	Yend_12	Yend_FGov	Yend_Other
	(1)	(2)	(3)
Mismatch_12	− 0. 035 ** (− 2. 12)	0. 040 *** (3. 06)	0. 013 (0. 79)
Mismatch_FGov	0. 115 * (1. 83)	− 0. 169 ** (− 2. 10)	0. 036 (1. 22)
China_RegPlace	0. 340 * (1. 86)	− 0. 416 ** (− 2. 30)	0. 103 (0. 96)
Size	0. 436 *** (10. 6)	− 0. 236 *** (− 4. 36)	− 0. 121 *** (− 11. 9)
Gap_Trust	− 0. 116 (− 1. 16)	0. 112 * (1. 76)	0. 016 * (1. 78)
Gap_Fairness	− 0. 206 ** (− 1. 96)	0. 159 * (1. 69)	0. 172 ** (1. 98)
Gap_Individualism	− 0. 069 (− 1. 39)	0. 116 (1. 31)	0. 122 * (1. 89)
Lev	− 0. 212 (− 1. 16)	0. 740 *** (3. 97)	− 0. 832 ** (− 2. 51)
Roa	0. 236 (0. 68)	0. 022 (0. 39)	− 0. 539 (− 1. 63)
Mainboard	0. 726 *** (5. 17)	− 0. 289 *** (− 6. 57)	0. 190 (1. 06)
Big4	0. 426 *** (4. 11)	− 0. 621 *** (− 4. 08)	− 0. 168 (− 0. 82)
Taxhaven	− 0. 609 *** (− 2. 96)	0. 385 * (2. 06)	0. 963 *** (3. 67)

续表

Dep. Var. =	Yend_12	Yend_FGov	Yend_Other
	(1)	(2)	(3)
Servicebank_Ch	1.063 *** (7.37)	− 1.069 *** (− 7.40)	− 0.396 *** (− 3.22)
Currency_Native	0.118 (0.70)	− 0.538 ** (− 2.20)	0.921 *** (2.66)
Listway_Allot	0.042 (0.19)	0.281 (1.35)	− 0.322 (− 1.59)
Listway_Ipo	0.473 ** (2.31)	− 0.342 *** (− 3.27)	− 0.433 (− 1.35)
Listway_Transferb	0.636 *** (3.36)	− 0.278 (− 1.58)	− 0.863 ** (− 2.39)
Listway_Other	0.867 ** (2.37)	− 0.833 *** (− 3.63)	− 0.640 (− 1.39)
Constant	− 6.227 *** (− 5.27)	− 1.124 * (− 1.76)	9.800 *** (6.39)
Year, Ind, Region	Yes	Yes	Yes
N	9975	9975	9975
Pseudo R − squared	0.227	0.192	0.294

注：括号内为 t 值，* 表示 $p<0.10$，** 表示 $p<0.05$，*** 表示 $p<0.01$。回归中按照 Gvkey 进行了 Cluster by firm 的处理。

5.5 本章小结

本章利用中资民营企业单纯赴港/海外上市的准自然实验，实证检验自由起讫日期环境下的财务报告呈报方将如何做出适合自己的会计年度抉择——是否会放弃历年制的会计年度，以及是否会选择上市地点所在国家适用的会计年度。本章的实证研究主要有以下两个方面的结论。

其一，从本章单纯赴港/海外上市的内地民营公司对会计年度起讫日期的选择情况来看，样本公司坚持1月1日至12月31日历年制会计年度模式的倾向性从高到低依次是：在香港交易所（HKEX）上市的样本公司、在新加坡交易所（SGX）上市的样本公司、在美国纳斯达克（NASDAQ）上市的样本公司。在放弃历年制会计年度的样本中，过半的样本企业（占比53.92%）选择了契合上市地政府指导会计年度起讫日期。这说明，即便给予单纯赴港/海外上市的中国内地民营公司自由选择起讫日期的权利，总体上过半的样本公司仍然倾向于保持既有的历年制不变。

其二，如果营业周期的低谷适逢政府指导性会计年度的起讫日期，则赴港/海外上市的中资民营企业更愿意采用政府指导性会计年度；相比规模较小的中资民营企业而言，规模较大的样本企业更愿意采用政府指导性会计年度；相比注册地仍在中国的民营企业而言，注册地位于境外的样本企业更愿意采用政府指导性会计年度；随着文化距离的拉长，单纯赴港/海外上市企业坚持历年制会计年度的意愿减弱，契合上市所在地政府财政年度的动机增强。

第6章

会计年度模式对财务报告
呈报质量的影响

6.1 引 言

怎样增进财务报告呈报质量一直是学界争论的焦点。较为一致的结论为，操纵报表的行为往往基于信息不对称（Dye，1988；Healy and Wahlen，1999），所以优化信息供给模式将有助于降低盈余管理水平（Hirst and Hopkins，1998）。很显然，对会计基本前提的改进是优化财务信息供给模式的一个基础工作。合适的信息呈报期间能够降低决策者信息处理过程中的局限性，并能够更好地帮助决策者处理大量的信息，从而能够提高决策的准确性和效率（Arnold et al.，2004）。如本书第2章所述的会计年度起讫日期理论基础，会计分期作为财务会计的基本前提，其优化路径理应首先服务于财务报告目标并不断提高会计信息质量。据此，本章拟将会计年度问题与财务会计的成果——报表信息质量相联系，围绕本书所考察的两个基本问题——是否应当坚持历年制会计年度？是否有必要将会计年度与财政年度高度统一？我们以单纯赴港/海外上市的中资民营企业为样本，实证检验了样本公司所选择的不同会计年度模式是否会影响财务报告的呈报质量，旨在夯实会计假设改革的理论基石。

6.2　研　究　综　述

因为会计年度直接导致时期指标的历史跨度，故而前人有关会计年度起讫日期经济后果的研究集中于股票价格（Reinganum and Gangopadhyay，1991；Chen and Singal，2004；Wang，2011）、销售和管理人员薪酬（Joseph and Kalwani，1998）、财务分析（Kamp，2002）三个方面，但却未曾有学者针对会计年度起讫日期和财务报告质量之间的关系进行研究。

公司盈余质量取决于高质量财务报告的供给与需求（Ball et al.，2000，2003）。盈余质量取决于很多因素，但会计分期无疑是重要的影响因素之一。尼什和多夫（2008）指出，优化财政年度起讫日期的一个重要目的就在于追求更佳的会计信息以及降低专有信息披露成本。如果公司会计年度截止日期恰在生产经营的最高峰，则会给结账工作和会计信息生产环节带来困扰（Belkaoui，2004）。

传统上，会计盈余数字有助于解释股价变动（Ball and Brown，1965；Beaver，1965）。但是，我们不仅要关注盈余数字，更要关注盈余质量，特别是盈余质量与会计假设的关系。虽然至今没有一个完整而统一的关于会计盈余质量的定义，但一致的认识是，盈余质量的定义和计量需要一个不能够轻易被人为控制的参照系。高盈余质量应当使得会计盈余中由职业判断和估计造成的各种不确定性能够被投资者（市场）合理预期。在实践中，以市场指标为参照系，衍生出会计信息的价值相关性和谨慎性，如股票报酬率或会计指标，如现金流等作为参照系；以会计指标为参照系，则延伸出会计盈余的可操纵性、平滑性、持续性等统计特征，比如琼斯（1991）、德肖（1995）、康等（1995）、德肖和德契夫（2002）、弗朗西斯等（2005）等。

为克服以盈余与股票收益关系刻画盈余质量的局限性，避免股票收益中的噪音对实证结果的影响，区别于以盈余与股票收益关系刻画盈余质量的研究（朱茶芬和李志文，2008），本书拟从盈余管理、盈余可预测性和价值相关性三个角度来评价会计年度起讫日期对于盈余质量的影响。

6.3 理论推导与假说提出

弗朗西斯（Francis，2004）研究发现盈余质量的七种计量维度中应计质量是最能体现会计属性计量特性的，也是最能代替盈余质量的维度之一。可见，应计项目是会计盈余研究的核心问题，而应计质量是盈余质量的核心。高质量应计项目的实质在于低波动性或可预测性。自德契夫和德肖（2002）提出应计质量的计量模型以来，大多以应计质量作为盈余质量的代替指标来研究盈余质量。以 2001 年的会计制度环境改善为分水岭，我国上市公司的会计盈余质量可以开始作为一项表示风险的因素，即投资者能够从公司会计盈余中识别投资风险（新夫和陈冬华，2009）。朗（1992）发现，如果公司历史会计盈余的波动性（方差）越高，则盈余反应系数（ERC）越低；同样，提奥和王（1993）发现由声誉好的会计师事务所审计的公司盈余，其盈余反应系数显著较高。除了上述因素以外，学者们从其他视角有了更大的突破，逐渐发现法律和制度背景对应计质量的影响也很显著。鲍尔等（Ball et al.，2000，2003）在比较了普通法系与大陆法系共 7 个国家资本市场中上市公司会计盈余稳健性后，指出法律制度环境差异也会影响会计盈余的稳健性。会计年度起讫日期作为一个国家和地区对会计基本前提的重要法律规范，其合理性和应计质量存在怎样的关系？目前鲜有学者研究。我们预期，相比坚持12 月 31 日结账的赴港/海外上市公司而言，自由选择起讫日期的赴港/海外上市公司可能有着更高的应计项目波动性。由此我们提出假设 6-1。

H6-1：相比坚持12 月 31 日结账的赴港/海外上市公司而言，自由选择起讫日期的赴港/海外上市公司可能有着更高的盈余管理水平。

企业应当致力于让会计信息更具相关性和可靠性，进而服务于企业战略和内部管理。然而，会计期间的划分充满人为色彩（Weygandt et al.，2005；Littleton and Zimmerman，1962）。如果给予企业选择会计年度起讫日期的权利，那么这项权利很可能被管理层所利用，并以此获得更有利的商业竞争地位（Oyer，1998）。比如，一些公司在调整会计年度起讫日期的过程中存在一段空白期（"missing months" or "orphan months"），管理层有动机浑水摸鱼，利用这段空白期报告更低的收入、更高的营业费用和更高的税前损失（Du and Zhang，2013）。因此，在可以自由选择的会计年度下，达成预期目标的动机也就更能够得到满足。由此我们提出本章的假设 6 - 2。

H6 - 2a：相比坚持 12 月 31 日结账的赴港/海外上市公司而言，选择契合上市地政府财政预算年度的赴港/海外上市公司有着更高的审计质量。

H6 - 2b：相比坚持 12 月 31 日结账的赴港/海外上市公司而言，自由选择起讫日期的赴港/海外上市公司有着更低的审计质量。

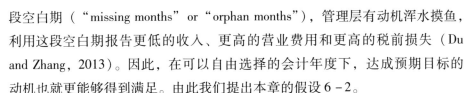

6.4　研　究　设　计

6.4.1　样　本　数　据

本章拟利用单纯赴港/海外上市公司为例，对比自由选择起讫日期的公司和坚持历年制的公司，从盈余管理和目标达成动机两个角度来评价会计年度起讫日期选择对于盈余质量的影响。本书实证样本包括 1983～2022 年期间单纯赴港/海外上市的中资民营企业。之所以选择 1983 年为起始点，是因为赴港/海外上市的中国公司自 1983 年起的季度报告信息才能比较完整地获取，而季度报告是我们判断经营业务淡季和旺季的数据来源。特别的，由于德契夫和德肖（2002）的应计质量指标要求获取前后三期经营活动现金流，因此每一个公司年（Firm Year）的回归残差至少需要连续三年的数据。

我们从 Csmar、Resset 以及 Wind 等数据库组合获得中国赴港/海外上市公司的基本情况，并进一步从 WRDS 平台数据库中获取样本公司的财务信息。为统一货币度量，我们采用公司财务年度末的汇率，将所有财务数据转化为以美元计价的财务数据。中国内地与香港，以及中国与新加坡和美国的文化差异指标源自 World Values Survey 的调查数据。

以此为初始样本，本章对其进行如下样本筛选：（1）删除最终控制人为国有性质的公司样本；（2）删除同时在中国内地沪深股市上市的公司样本；（3）删除在两个或两个以上境外证券交易所上市的公司样本；（4）删除单纯在法兰克福证券交易所[①]上市的内地民营公司样本；（5）删除行业性质为金融业（银行、保险、证券等）的公司样本[②]；（6）删除基本公司情况和年度财务信息缺失的样本；（7）删除上市年龄不足 3 年的上市公司。经过如上筛选，我们共保留 3682 个公司样本。

6.4.2　变量设置

6.4.2.1　被解释变量

在操纵报表的行为动机和测量手段方面，中国上市公司和西方上市公司并无二致（如 Chen and Yuan，2004；Chen et al.，2011；Hou et al.，2015）。考虑到香港联合交易所、美国纳斯达克交易所和新加坡证券交易所上市民营公司的财务指标一致性，本书综合考虑盈余管理水平和目标达成动机，从两个维度来度量财务报告的呈报质量。

（1）盈余管理水平（*EM*）。

为了度量盈余管理水平，我们考虑了在既有文献中常用的操纵性应计项目测量方法，包括三类：其一为利用德肖等（1995）的修正琼斯模型所计算出的操纵性应计项目绝对值（*Accrual_Jones*），该指标是总应计项目对固定资产和收入增长进行回归而获得的残差，不包括信用销售的增长；其二为利用科萨里等（Kothari et al.，2005）模型所计算出的残差（*Accrual_KLW*），在计算该指标的过程中，通过在同一个国家、行业和年度内按照 ROA 最接近的原则进行样本匹配，进一步控制公司基本面；其三为利用德肖和德契夫

---

① 由于德国采用自由起讫模式的历年制会计年度，且赴德国上市的中资民营企业数量较少，难以在实证研究中与中国高度统一模式的历年制会计年度相区分。

② 剔除金融企业的原因在于：金融行业的年报信息关系国家财政政策和货币政策等宏观调控手段，同时金融行业对国家宏观调控的反应也最为敏感。为了促进金融行业之间的信息沟通，最终有利于防范和控制财政和金融风险，金融行业的会计年度应由国家统一规定，不涉及最佳会计年度起讫日期的选择问题。因此，将其从实证样本中排除。

（2002）的模型所计算的应计项目质量（*Accrual_DD*），该指标考虑了过去、当前和未来现金流，有助于进一步控制经营业绩。在上述三个指标中，由于 *Accrual_DD* 对公司特征的控制最为完备，我们将 *Accrual_Jones* 和 *Accrual_KLW* 作为盈余管理指标的辅助代理变量，而将 *Accrual_DD* 作为盈余管理指标的主要代理变量。

我们采用经调整后的德肖和德契夫（2002）模型（以下简称 DD 模型）计算异常应计利润，即模型残差 $v_{j,t}$，其模型形式为：

$$TCA_{j,t} = \phi_0 + \phi_1 CFO_{j,t-1} + \phi_2 CFO_{j,t} + \phi_3 CFO_{j,t+1} + \phi_4 \Delta REV_{j,t} + \phi_5 PPE_{j,t} + \nu_{j,t}$$

(6.1)

一方面，等号左边的 $TCA_{j,t}$ 可表示为：$TCA_{j,t} = \Delta CA_{j,t} - \Delta CL_{j,t} - \Delta CASH_{j,t} + \Delta STDEBT_{j,t}$，等于第 t 年公司 j 全部流动应计利润，其中 $\Delta CA_{j,t}$ 为当年与上一年流动资产的变化，$\Delta CL_{j,t}$ 为流动负债的变化，$\Delta CASH_{j,t}$ 为货币资金的变化，$\Delta STDEBT_{j,t}$ 为短期借款的变化。进一步，总应计利润可以表示为 $TA_{j,t} = \Delta CA_{j,t} - \Delta CL_{j,t} - \Delta CASH_{j,t} + \Delta STDEBT_{j,t} - DEPN_{j,t}$，其中，$DEPN_{j,t}$ 为公司 j 第 t 年待摊费用和长期待摊费用之和。所有的变量都经过第 $t-1$ 年和第 t 年的平均总资产调整。另一方面，等式右端的 $CFO_{j,t}$ 等于第 t 年公司 j 年现金流量表中经营活动现金流净额；$\Delta REV_{j,t}$ 为公司 j 在第 $t-1$ 年与第 t 年主营业务收入的变化；$PPE_{j,t}$ 为公司 j 第 t 年固定资产和其他长期资产总额。

由模型（6.1）作截面回归得到每年每家公司的残差，然后计算每家公司从第 $t-4$ 年到第 t 年残差的标准差，从而得到所需的应计质量指标（*Accrual_DD*），即 $Accrual\_DD_{j,t} = \delta(v_{j,t})$；该盈余质量矩阵表示公司 j 在第 t 年的盈余质量，其值越大，表示在最近 5 年中会计盈余中异常应计项目（Abnormal Accruals）波动越强，说明会计盈余中的风险越高，盈余质量越差[①]。

（2）目标达成动机（*TargetBeating*）。

目标达成动机（*TargetBeating*）反映了管理当局操纵信息以规避披露亏损信息的行为（Burgstahler and Dichev，1997；Degeorge et al.，1999；Massa

---

[①] 与以往的研究不同，较高的异常应计项目（即模型残差 $\nu_{j,t}$）并不能说明其盈余质量差，如果每年的异常应计项目都保持在较高水平，其盈余质量则反而较好，因为它具有较高的可预测性，风险反而较低。

et al., 2015; Li et al., 2016)。一方面，基于伯格塔赫和德契夫（Burgstahler and Dichev, 1997）的方法，我们构建"微小盈利"的二分类变量（*Target beating on small positive profits*，*Spe*）。如果净收入除以滞后一期的总资产分布在 0~1% 之间，则该虚拟变量取 1，否则取 0。由于该变量代表了企业的业绩略微超过 0 的情形，因而可以体现管理层避亏动机。另一方面，我们借鉴德乔治等（1997）的做法，构建"盈利微涨"的虚拟变量（*Target beating on small positive past-earnings profits*，*Spde*），如果总资产收益率的涨幅分布在 0~1% 之间，则该虚拟变量取 1，否则取 0。由于该变量代表了企业的业绩相比上一年度出现小幅增长的情形，可以体现管理层保增长的动机。

6.4.2.2 解释变量

本章设置一系列的二分类虚拟变量以体现单纯赴港/海外上市的民营公司所选择的会计年度模式：其一，利用 *Yend_12* 来表示历年制模式。如果采用样本企业选择 12 月 31 日作为自己的会计年度截止日期，则 *Yend_12* 取 1，否则取 0[①]。其二，利用 *Yend_FGov* 来表示契合政府财政预算年度的会计年度模式。如果样本企业采用上市地政府指导的会计年度作为自己的会计年度截止日期，则 *Yend_FGov* 取 1，否则取 0。其三，利用 *Yend_Other* 来表示自由选择的其他会计年度模式。如果样本企业自由选用其他会计年度作为自己的会计年度截止日期，则 *Yend_Other* 取 1，否则取 0。

6.4.2.3 控制变量

我们在模型中纳入了如下控制变量：（1）公司规模（*Size*），即总资产的自然对数；（2）财务杠杆（*Lev*），即资产负债率；（3）企业营业周期与自然年度的匹配性（*Mismatch_12*）。以公司年度样本的（-1，+1）为窗口，如果本年第四季度和次年第一季度的平均销售商品或提供劳务平均收到的现金均大于时间窗口内其他季度的平均值，则该指标为 1，否则为 0；（4）总资产收益率（*Roa*），即用公司当年会计利润除以期初期末平均总资产；（5）第

---

① 如第 5 章所述，由于在自由起讫日期环境下的企业通常具有变更会计年度的权利，所以 *Yend_12* 为公司—年度层面的变量。

一大股东持股比例（*Top*1）；（6）聘用审计师事务所的声誉（*Big*4），如果样本公司聘用四大会计师事务所进行审计，则 *Big*4 取 1，否则取 0；（7）注册于国际避税港的虚拟变量（*TaxHaven*），如果上市公司的注册地位于列支敦士登、安道尔、摩纳哥及英属维尔京群岛、百慕大、美属萨摩亚、文莱、开曼、纽埃等国际避税港，则 *TaxHaven* 取 1，否则取 0；（8）最终控制人是否为中国国籍人士（*ServiceBank_Ch*），如果企业最终控制人为中国内地的个人，则该指标取 1，否则取 0。此外，我们还控制了公司上市国家/地区固定效应、行业固定效应和公司成立注册的年代固定效应[①]。

表 6.1 为主要变量的定义和度量。

表 6.1　　　　　　　　　　　**主要变量的定义**

变量	符号	定义和度量
因变量	*Accrual_DD*	利用德肖和德契夫（2002）的模型第 t−4 年到第 t 年残差的标准差，用来度量企业的应计项目质量
	Accrual_Jones	利用德肖等（1995）的修正琼斯模型所计算出的操纵性应计项目绝对值，即总应计项目对固定资产和收入增长进行回归而获得的残差，不包括信用销售的增长
	Accrual_KLW	利用科萨里等（2005）模型所计算出的残差，通过在同一个国家、行业和年度内按照 ROA 最接近的原则进行样本匹配，进一步控制公司特征
	Spde	借鉴德乔治等（Degeorge et al.，1997）的做法，构建"盈利微涨"的二分类变量，如果总资产收益率的涨幅分布在 0% 和 1% 之间，则该虚拟变量取 1，否则取 0
	Spe	基于伯格塔赫和德契夫（Burgstahler and Dichev，1997）的方法，构建"微小盈利"的二分类变量。如果净收入除以滞后一期的总资产分布在 0~1% 之间，则该虚拟变量取 1，否则取 0

---

① 此处的年代固定效应由四个虚拟变量来替代，分别为 20 世纪 80 年代（*Estyear_80*）、20 世纪 90 年代（*Estyear_90*）、21 世纪前 10 年（*Estyear_00*）以及 21 世纪第二个 10 年（*Estyear_10*）。如果企业成立于 1983~1989 年之间，则 *Estyear_80* 取 1，否则取 0；如果企业成立于 1990~1999 年之间，则 *Estyear_90* 取 1，否则取 0；如果企业成立于 2000~2009 年之间，则 *Estyear_00* 取 1，否则取 0；如果企业成立于 2010~2019 年之间，则 *Estyear_10* 取 1，否则取 0；如果企业成立于 2020~2022 年之间，则 *Estyear_20* 取 1，否则取 0。

续表

变量	符号	定义和度量
解释变量	Yend_12	历年制模式。如果采用样本企业选择12月31日作为自己的会计年度截止日期，则 Yend_12 取1，否则取0
	Yend_FGov	契合政府财政预算年度的会计年度模式。如果样本企业采用上市地政府指导的会计年度作为自己的会计年度截止日期，则 Yend_FGov 取1，否则取0
	Yend_Other	自由选择的其他会计年度模式。如果样本企业自由选用其他会计年度作为自己的会计年度截止日期，则 Yend_Other 取1，否则取0
控制变量	Size	企业规模，即总资产的自然对数
	Lev	资产负债率
	Mismatch_12	企业营业周期与自然年度的匹配性。以公司年度样本的（−1，+1）为窗口，如果当年第四季度以及次年第一季度的平均销售商品或提供劳务平均收到的现金均大于时间窗口内其他季度的平均值，则该指标为1，否则为0
	Roa	总资产收益率。即用公司当年会计利润除以期初末平均总资产
	TaxHaven	注册于国际避税港的虚拟变量。如果上市公司的注册地位于列支敦士登、安道尔、摩纳哥及英属维尔京群岛、百慕大、美属萨摩亚、文莱、开曼、纽埃等国际避税港，则 TaxHaven 取1，否则取0
	Big4	聘用会计师事务所的声誉。如果样本公司聘用四大会计师事务所进行审计，则 Big4 取1，否则取0
	Mainboard	上市板块。如果在主板上市则 Mainboard 取1，在其他板块上市取0
	ServiceBank_Ch	主要往来银行是否在中国内地。如果企业的主要往来银行为中国内地银行，则 ServiceBank_Ch 取1，否则取0
	Treat_Others	上一期的同行业中其他公司选择同类会计年度模式的比例

6.4.3 实证模型设置

我们考察会计分期模式对财务呈报质量的影响。式（6.2）中，解释变量会计分期模式（Period_Type）的代理变量一共包括三类：是否坚持使用历年制会计年度（Yend_12）、是否采用上市地政府指导的会计年度（Yend_FGov）、是否采用其他年度分期模式（*Yend_Other*）[①]。财务呈报质量（*FinReport_Quality*）的代理变量包括两类，即盈余管理水平（*EM*）和目标达成动机（*TargetBeating*）。

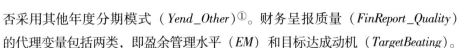

$$FinReport\_Quality_{i,t} = \beta_0 + \beta_1 Period\_Type_{i,t} + Controls_{i,t} + \varepsilon \qquad (6.2)$$

由于本书的研究样本是面板数据，所以在时间序列上企业的固定效应具有持续性，而在一个固定时刻，不同企业之间也存在相关性。并且本书的数据是典型的时间序列短而横截面公司数量多的面板数据。因为一般的估计方法会高估显著水平，所以对于此类面板数据而言，最优的估计方法是使用聚类（Cluster）方法来调整估计系数的标准误差。

6.5　实　证　结　果

6.5.1　描述性统计

表 6.2 的 Panel A 列示了主要变量描述统计情况，连续变量均在 1% 的水平上进行 Winsorize 缩尾处理以排除异常值干扰；Panel B 进一步列示了三类基本会计年度模式之间的主要变量的中位数和均值分组检验。从财务呈报质量替代变量来看，盈余管理指标（*Accrual_DD*、*Accrual_Jones*、*Accrual_KLW*）以及目标达成动机指标（*Spde*、*Spe*）在灵活选择会计年度的样本（*Yend_Other*）最高，然而在选择政府指导年度的样本（*Yend_FGov*）和坚持历年制的样本（*Yend_12*）之间没有区别。

表 6.3 列示了本章主要变量的 Pearson 和 Spearman 相关系数。从矩阵中看出，盈余管理指标（*Accrual_DD*、*Accrual_Jones*、*Accrual_KLW*）、目标达成动机指标（*Spde*、*Spe*）和 *Yend_Other* 显著正相关，而和 *Yend_FGov* 以及 *Yend_12* 显著负相关。其他变量之间的相关系数符合预期且直观，比如，公司规模与资产收益率显著负相关，表明规模越小的公司，其盈利能力也越好；财务杠杆与资产收益率显著正相关，表明财务杠杆高的公司，其盈利能力越好。

---

① 为了反映三类基本会计分期模式，我们仅需要设置两类虚拟变量即可，即在实证模型中仅纳入 *Yend_12* 和 *Yend_ForeignGov*。

表6.2　主要变量的描述性统计

Panel A　全样本描述

Variable	频数	均值	标准差	10%	25%	中位数	75%	90%
Accrual_DD	7351	0.095	0.050	0.035	0.054	0.081	0.104	0.252
Accrual_Jones	7351	0.062	0.052	0.008	0.016	0.040	0.067	0.256
Accrual_KLW	7351	0.046	0.046	0.008	0.017	0.035	0.070	0.231
Spde	7351	0.193	0.366	0.000	0.000	0.000	0.000	1.000
Spe	7351	0.106	0.317	0.000	0.000	0.000	0.000	1.000
Yend_12	7351	0.813	0.324	0.000	1.000	1.000	1.000	1.000
Yend_FGov	7351	0.135	0.303	0.000	0.000	0.000	0.000	1.000
Yend_Other	7351	0.066	0.218	0.000	0.000	0.000	0.000	0.000
Size	7351	7.148	2.756	4.279	5.921	6.535	9.101	10.340
Lev	7351	0.334	0.318	0.038	0.085	0.268	0.545	0.728
Mismatch_12	7351	0.222	0.436	0.000	0.000	0.000	0.000	1.000
Roa	7351	0.012	0.171	−0.083	0.001	0.012	0.061	0.148
TaxHaven	7351	0.392	0.494	0.000	0.000	0.000	1.000	1.000
Big4	7351	0.696	0.418	0.000	0.000	1.000	1.000	1.000
Mainboard	7351	0.793	0.443	0.000	1.000	1.000	1.000	1.000
ServiceBank_Ch	7351	0.572	0.457	0.000	0.000	1.000	1.000	1.000

续表

Panel B 分组平均值和中位数检验

变量	Yend_FGov (N=1088)		Yend_12 (N=5840)		Yend_Other (N=423)		Yend_Other VS. Yend_12		Yend_Other VS. Yend_FGov		Yend_FGov VS. Yend_12	
	均值	中位数	均值	中位数	均值	中位数	均值T检验	中位数Z检验	均值T检验	中位数Z检验	均值T检验	中位数Z检验
Accrual_DD	0.085	0.075	0.083	0.073	0.087	0.080	1.82*	1.87*	3.02***	3.09***	0.97	1.48
Accrual_Jones	0.056	0.040	0.055	0.036	0.059	0.044	2.19**	1.91*	2.29**	2.09**	1.32	1.30
Accrual_KLW	0.049	0.033	0.050	0.039	0.055	0.044	1.82*	1.84*	1.74*	1.80*	-1.06	-1.14
Spde	0.140	0.000	0.136	0.000	0.191	0.000	2.10**	1.99**	4.77***	4.26***	1.68*	1.44
Spe	0.068	0.000	0.084	0.000	0.129	0.000	4.76***	1.12	7.10***	1.70*	-3.49***	-2.12**
Size	5.541	5.619	6.944	7.094	5.551	4.943	-9.80***	-7.18***	6.16***	5.05***	-2.92***	-2.64***
Lev	0.523	0.468	0.326	0.205	0.420	0.356	6.66***	7.51***	-3.87***	-4.50***	12.13***	13.39***
Mismatch_12	0.059	0.000	0.224	0.000	0.042	0.000	-6.74***	-6.08***	-1.14	-1.36	-3.47***	-3.28***
Roa	0.003	0.008	0.019	0.017	0.013	0.011	-2.64***	-2.79***	5.52***	4.24***	-5.79***	-5.61***
TaxHaven	0.609	1.000	0.397	0.000	0.487	1.000	3.71***	3.21***	-4.50***	-2.60***	2.64***	2.33**
Big4	0.451	0.000	0.618	1.000	0.460	1.000	-7.05***	-7.22***	0.25	0.12	-8.45***	-8.73***
Mainboard	0.782	1.000	0.803	1.000	0.646	1.000	-4.93***	-5.17***	-2.00**	-2.73***	-2.19***	-2.09**
ServiceBank_Ch	0.457	0.000	0.600	1.000	0.381	0.000	-12.42***	-11.28***	-4.37***	-4.28***	-9.91***	-7.18***

注：* 表示 p < 0.10，** 表示 p < 0.05，*** 表示 p < 0.01。

表6.3

变量的相关系数矩阵

变量	Accrual_DD	Accrual_Jones	Accrual_KLW	Spde	Spe	Yend_12	Yend_FGov	Yend_Other	Size	Lev	Mismatch	Roa	TaxHaven	Big4	Mainboard	ServiceBank_Ch
Accrual_DD	1.000	0.182***	0.185***	-0.036***	0.030***	-0.018**	-0.021***	0.030***	-0.080***	0.273***	-0.031***	-0.102***	0.079***	-0.122***	-0.050***	0.016
Accrual_Jones	0.240***	1.000	0.852***	-0.065***	-0.043***	-0.019***	-0.023***	0.010*	-0.085***	0.090***	-0.043***	-0.021***	0.063***	-0.040***	0.009	0.023***
Accrual_KLW	0.241***	0.840***	1.000	-0.063***	-0.026***	0.012*	-0.025***	0.016**	-0.056***	0.078***	-0.035***	0.020*	0.037***	-0.025***	0.020***	0.028***
Spde	-0.026***	-0.056***	-0.064***	1.000	0.038***	-0.015***	-0.020***	0.025***	0.031***	-0.040***	0.030***	-0.050***	0.008	0.071***	0.003	-0.012*
Spe	0.024***	-0.059***	-0.024***	0.036***	1.000	-0.020***	-0.014*	0.026***	-0.022***	0.136***	0.056***	-0.201***	0.051***	-0.029***	-0.050***	-0.003
Yend_12	-0.017**	-0.017**	0.016**	-0.011*	-0.018**	1.000	-0.353***	-0.599***	0.310***	-0.195***	0.156***	-0.051***	-0.140***	0.149***	0.066***	0.201***
Yend_FGov	-0.023***	-0.025***	-0.025***	-0.024***	-0.014*	-0.317***	1.000	-0.080***	-0.203***	0.182***	-0.105***	0.081***	0.133***	-0.116***	-0.032***	-0.120***
Yend_Other	0.032***	0.016**	0.019***	0.022***	0.023***	-0.531***	-0.080***	1.000	-0.231***	0.066***	-0.110***	0.035***	0.032***	-0.082***	-0.070***	-0.172***
Size	-0.083***	-0.095***	-0.064***	0.031***	-0.021***	0.300***	-0.189***	-0.225***	1.000	-0.111***	0.515***	-0.295***	-0.210***	0.290***	0.429***	0.511***
Lev	0.255***	0.111***	0.091***	-0.037***	0.130***	-0.182***	0.176***	0.065***	-0.195***	1.000	-0.400***	0.220***	0.568***	0.053***	-0.022***	-0.118***
Mismatch	-0.036***	-0.043***	-0.036***	0.025***	0.050***	0.150***	-0.105***	-0.101***	0.540***	-0.392***	1.000	-0.163***	-0.325***	0.071***	0.161***	0.315***
Roa	-0.083***	-0.023***	0.015*	-0.045***	-0.192***	-0.040***	0.079***	0.023***	-0.224***	0.123***	-0.135***	1.000	0.302***	-0.027***	-0.012	-0.035***
TaxHaven	0.084***	0.065***	0.036***	0.007	0.049***	-0.140***	0.140***	0.040***	-0.238***	0.530***	-0.321***	0.226***	1.000	0.212***	0.190***	0.219***
Big4	-0.105***	-0.036***	-0.026***	0.062***	-0.039***	0.140***	-0.102***	-0.083***	0.280***	0.066***	0.077***	-0.026***	0.211***	1.000	0.338***	0.220***
Mainboard	-0.040***	0.009	0.019***	0.002	-0.044***	0.065***	-0.023	-0.067***	0.421***	-0.001	0.140***	-0.009	0.190***	0.358***	1.000	0.318***
ServiceBank_Ch	0.015	0.022***	0.030***	-0.017*	-0.004	0.193***	-0.117***	-0.165***	0.495***	-0.100***	0.303***	-0.040***	0.227***	0.215***	0.318***	1.000

注：* 表示 p < 0.10，** 表示 p < 0.05，*** 表示 p < 0.01。左下角列示的为 Pearson 相关系数，右上角列示的为 Spearman 相关系数。

6.5.2　回归结果

表 6.4 列示了会计年度模式选择对企业财务呈报质量的影响。其一，从表 6.4 的 A 栏（1）～（5）列示的全样本回归结果来看，无论采用本章所选择的哪一种财务呈报指标作为被解释变量，可以发现 *Yend_12* 系数为负但不显著，支持了假设 6 - 1；其二，由表 6.4 的 B 栏（6）～（10）来看，*Yend_FGov* 的系数均显著为负，表明相比选择其他两种会计年度模式的样本公司而言，契合上市地财政预算年度的样本公司有着更高的应计质量且达成目标动机更弱，这与假设 6 - 2a 一致；其三，由表 6.4 的 C 栏（11）～（15）来看，*Yend_Other* 系数显著为正，且在应计质量方面更为明显，说明那些既不坚持历年制，也不遵从政府指导会计年度的样本公司的财务呈报质量显著低于其他两类样本公司，这与假设 6 - 2b 一致。

在控制变量方面，*Size* 和 *Roa* 与财务呈报质量的各项指标基本为显著负相关，说明公司规模大以及盈利业绩好的公司，其财务呈报质量越高，这与卜拉默和德肖等（Brammer and Dechow et al.，1998，2010）、可汗等（Cohen et al.，2008）等相同，说明财务呈报质量的主要约束条件为企业规模和盈利能力；*Lev* 和 *TaxHaven* 与财务呈报质量的各项指标大多呈现显著正相关，这与贝克尔（Baker，1998）、菲利普斯等（Phillips et al.，2003）、达里瓦等（Dhaliwal et al.，2004）的发现相同，说明过高的财务杠杆和企业的避税动机对企业财务呈报质量具有制约作用。其他控制变量均不具有一致的显著性。

6.5.3　稳健性检验

6.5.3.1　潜在的自选择问题：Heckman 自选择模型检验

主回归假定所有赴港/海外上市公司在会计分期模式的选择方面具有随机性，故解释变量 *Yend_12*、*Yend_FGov*、*Yend_Other* 在回归模型中均被视为外

表6.4

会计年度模式选择与企业财务呈报质量的检验结果

Dep. Var =	A栏：坚持使用历年制会计年度模式					B栏：契合政府财政预算年度的会计年度模式					C栏：自由选择的其他会计年度模式				
	Accrual_DD	Accrual_Jones	Accrual_KLW	Spde	Spe	Accrual_DD	Accrual_Jones	Accrual_KLW	Spde	Spe	Accrual_DD	Accrual_Jones	Accrual_KLW	Spde	Spe
	(1)	(2)	(3)	(4)	(5)	(6)	(7)	(8)	(9)	(10)	(11)	(12)	(13)	(14)	(15)
Yend_12	-0.005 (-1.40)	-0.002 (-1.41)	-0.002 (-1.28)	0.011 (-1.28)	-0.003 (-0.49)										
Yend_FGov						-0.007** (-2.12)	-0.009** (-2.10)	-0.012** (-2.24)	-0.033*** (-2.78)	-0.048*** (-5.80)					
Yend_Other											0.004* (1.81)	0.002** (2.13)	0.002* (1.82)	0.029* (1.94)	0.033* (1.88)
Size	-0.006*** (-11.1)	-0.005*** (-10.7)	-0.005*** (-14.0)	-0.009** (-2.07)	-0.008*** (-3.16)	-0.002*** (-3.24)	-0.005*** (-7.38)	-0.005*** (-8.87)	-0.010** (-2.44)	-0.006** (-2.14)	-0.006*** (-9.26)	-0.005*** (-7.56)	-0.005*** (-9.48)	-0.011** (-2.28)	-0.013*** (-4.42)
Lev	0.083*** (29.4)	0.028*** (10.8)	0.034*** (13.8)	-0.178*** (-12.3)	-0.128*** (-9.74)	0.082*** (22.7)	0.040*** (10.9)	0.037*** (14.2)	-0.241*** (-10.8)	-0.155*** (-9.50)	0.089*** (22.4)	0.029*** (7.53)	0.033*** (10.7)	-0.174*** (-8.48)	-0.102*** (-5.05)
Mismatch_12	0.007* (1.85)	0.005** (2.01)	0.003** (2.29)	0.018 (1.24)	0.029 (1.52)	0.007* (1.88)	0.004** (2.39)	0.003** (2.08)	0.028 (1.41)	0.025* (1.67)	0.006* (1.68)	0.006** (2.21)	0.004** (2.26)	0.003 (1.37)	0.033* (1.93)
Roa	-0.047*** (-5.29)	-0.078*** (-8.87)	-0.066*** (-8.39)	-0.500*** (-9.50)	-0.731*** (-15.0)	-0.037*** (-3.43)	-0.017 (-1.35)	-0.091*** (-9.96)	-0.616*** (-9.48)	-0.921*** (-17.9)	-0.06*** (-4.69)	-0.064*** (-6.38)	-0.077*** (-7.97)	-0.435*** (-6.75)	-0.703*** (-14.3)
TaxHaven	0.008*** (6.77)	0.005*** (4.66)	0.003*** (3.52)	0.016** (2.19)	0.018*** (2.79)	0.006*** (4.05)	0.003*** (2.74)	0.002*** (3.44)	0.012 (1.44)	0.017*** (2.94)	0.01*** (5.92)	0.005*** (3.68)	0.004*** (3.31)	0.007 (0.78)	0.017* (1.83)

续表

Dep. Var =	A栏：坚持使用历年制会计年度模式					B栏：聚合政府财政预算年度的会计年度模式					C栏：自由选择的其他会计年度模式				
	Accrual_DD	Accrual_Jones	Accrual_KLW	Spde	Spe	Accrual_DD	Accrual_Jones	Accrual_KLW	Spde	Spe	Accrual_DD	Accrual_Jones	Accrual_KLW	Spde	Spe
	(1)	(2)	(3)	(4)	(5)	(6)	(7)	(8)	(9)	(10)	(11)	(12)	(13)	(14)	(15)
Big4	-0.015*** (-6.42)	-0.001 (-0.72)	-0.002 (-1.29)	-0.033*** (-2.74)	-0.015 (-1.61)	-0.02*** (-8.95)	-0.001 (-0.49)	-0.002 (-0.79)	-0.034** (-2.50)	-0.005 (-0.47)	-0.011*** (-5.05)	-0.001 (-0.59)	-0.002 (-0.91)	-0.029** (-1.99)	-0.007 (-0.59)
Mainboard	-0.010*** (-3.44)	-0.006** (-2.34)	-0.002 (-1.28)	-0.042*** (-2.66)	-0.059*** (-4.63)	-0.009*** (-3.52)	-0.003** (-2.06)	-0.001 (-0.28)	-0.048** (-2.52)	-0.057*** (-4.43)	-0.013*** (-3.54)	-0.007* (-1.99)	-0.002 (-0.76)	-0.045** (-1.99)	-0.032*** (-3.87)
ServiceBank_Ch	0.026** (2.39)	0.022** (2.2*)	0.016** (2.25)	-0.026 (-0.47)	-0.055 (-1.21)	0.021** (1.99)	0.023** (2.36)	0.018** (2.25)	-0.021 (-0.29)	0.002 (-0.04)	0.028** (2.07)	0.026** (2.32)	0.020*** (3.71)	-0.038 (-0.57)	-0.044 (-0.75)
Constant	0.159*** (11.5)	0.158*** (11.5)	0.142*** (12.9)	0.672*** (5.79)	0.395*** (3.79)	0.126*** (4.86)	0.109*** (6.68)	0.126*** (8.26)	0.544*** (4.39)	0.269*** (2.67)	0.191*** (7.09)	0.164*** (10.3)	0.102*** (7.37)	0.586*** (3.94)	0.555*** (4.22)
Fixed effect	IYR	IYR	IYR	IYR	IYR	IYR	IYR	IYR	IYR	IYR	IYR	IYR	IYR	IYR	IYR
Cluster at firm	Yes	Yes	Yes	Yes	Yes	Yes	Yes	Yes	Yes	Yes	Yes	Yes	Yes	Yes	Yes
N	5013	7351	7351	7351	7351	5013	7351	7351	7351	7351	5013	7351	7351	7351	7351
Adj. R2/Pseud R2	0.167	0.066	0.058	0.055	0.056	0.163	0.053	0.060	0.061	0.090	0.212	0.075	0.059	0.057	0.058

注：括号内为 t 值，* 表示 p < 0.10，** 表示 p < 0.05，*** 表示 p < 0.01。回归中按照 Gvkey 进行了 Cluster by firm 的处理。

生变量，即要求会计分期模式选择与公司特征不存在相互影响。从计量经济学的角度来看，上述假设可能由于自选择问题而存在一定的局限性，从而使得上述发现可能为一个有偏估计。针对主模型中可能存在自选择问题，本书采用赫克曼（Heckman，1978）提出的二阶段回归方法设计并依次拟合模型（6.3）和模型（6.4），以检验主回归模型的稳健性。

$$YendExp_{i,t-1} = \alpha_0 + \alpha_1 \times Controls_{i,t-1} + \alpha_1 \times Treat\_Other_{i,t-1} + \mu \qquad (6.3)$$

在 Heckman 第一阶段的模型（6.3）中，我们对 $YendExp_{i,t-1}$ 进行 Probit 回归，并利用系数估计值计算逆米尔斯比（IMR）。除了公司规模、资产负债率等影响会计年度模式选择的因素以外，雷诺克斯等（2012）认为赫克曼的 Probit 模型中应设置同类群体中其他公司特征作为"排除性约束"（exclusion restrictions）。据此，本书在第一阶段纳入了上一期的相同上市地点其他样本公司选择相应会计年度的比例以及主模型的全部控制变量。式（6.3）的回归结果如表 6.5 中的 Step 1 所示。

$$FinReport\_Quality_{i,t} = \beta_0 + \beta_1 \times YendExp_{i,t-1} + \gamma_1 \times Controls_{i,t-1}$$
$$+ \gamma_1 \times IMR_{i,t-1} + \varepsilon \qquad (6.4)$$

在 Heckman 第二阶段中，我们将第一阶段所得到的会计年度模式的预测值 $YendExp_{i,t-1}$ 代入 OLS 模型，并对模型（6.4）进行拟合。由于我们旨在检验主回归中的主要结论是否稳健成立，因此遴选应计项目质量的主要指标（Accrual_DD）和目标达成动机的主要指标（Spde）作为被解释变量，回归结果如表 6.5 中的 Step 2 所示。可见，自由选择的会计年度模式（Other_Exp）对 Accrual_DD 和 Spde 的回归系数仍然显著为正；坚持历年制会计年度（Yend12_Exp）的各项回归系数虽然显著性有所下降，但仍然与主回归保持一致，说明控制了自选择问题后本书的实证结果仍然不变。

6.5.3.2　内生性问题：倾向分值匹配

为了减轻模型（6.2）中可能存在的内生性问题，本书运用 PSM 方法对模型（6.2）进行重新拟合，进而减轻潜在的内生性问题。匹配过程如下：以样本公司是否选择历年制或契合当期财政预算年度为标准，本书将总体样本分为两大类：一是处理组（Treat = 1），是既没有选择历年制，也没有契合

表6.5 会计年度模式选择和财务呈报质量：Heckman 自选择模型检验

Dep. Var =	A栏：坚持使用历年制会计年度模式			B栏：契合政府财政预算年度的会计年度模式			C栏：自由选择的其他会计年度模式		
	Step 1: Probit	Step 2: OLS		Step 1: Probit	Step 2: OLS		Step 1: Probit	Step 2: OLS	
	Yend_12	Accrual_DD	Spde	Yend_FGov	Accrual_DD	Spde	Yend_Other	Accrual_DD	Spde
	(1)	(2)	(3)	(4)	(5)	(6)	(7)	(8)	(9)
Yend12_Exp		-0.021 (-0.61)	0.029 (0.25)						
FGov_Exp					-0.066** (-2.12)	-0.156* (-1.70)			
Other_Exp								0.041*** (2.63)	0.506** (2.40)
Size	0.040** (2.33)	-0.003*** (-3.40)	-0.010** (-2.45)	-0.022* (-1.91)	-0.006*** (-5.39)	-0.013* (-1.82)	-0.080*** (-2.97)	-0.016*** (-4.50)	-0.001** (-2.04)
Lev	1.022** (2.21)	0.111*** (2.75)	-0.060*** (-5.20)	0.109 (1.53)	0.086*** (3.55)	-0.245*** (-7.75)	-0.767*** (-5.15)	0.103*** (4.40)	-0.312*** (-3.25)
Mismatch_12	-0.192*** (-4.50)	0.004** (2.45)	0.030 (1.40)	0.156*** (5.81)	0.010*** (3.09)	0.046 (1.39)	0.077** (2.31)	0.011** (2.25)	0.031 (1.53)
Roa	0.244 (1.57)	-0.310*** (-3.23)	-0.253*** (-5.17)	0.116 (0.52)	-0.028*** (-3.99)	-0.487*** (-5.65)	-0.640 (-1.48)	-0.008*** (-3.15)	-0.499*** (-5.99)
TaxHaven	-3.100** (-2.12)	0.001*** (3.24)	0.007*** (3.71)	-0.110*** (-3.86)	0.009*** (2.89)	0.006*** (3.74)	0.177*** (3.17)	0.017** (2.40)	0.043*** (3.22)

续表

Dep. Var =	A栏: 坚持使用历年制会计年度模式			B栏: 契合政府财政预算年度的会计年度模式			C栏: 自由选择的其他会计年度模式		
	Step 1: Probit	Step 2: OLS		Step 1: Probit	Step 2: OLS		Step 1: Probit	Step 2: OLS	
	Yend_12	Accrual_DD	Spde	Yend_FGov	Accrual_DD	Spde	Yend_Other	Accrual_DD	Spde
	(1)	(2)	(3)	(4)	(5)	(6)	(7)	(8)	(9)
Big4	0.150** (2.30)	-0.015** (-1.95)	-0.061** (-2.35)	-0.173*** (-3.35)	-0.018** (-2.11)	-0.025** (-2.10)	0.181* (1.73)	-0.140** (-2.10)	-0.007** (-2.54)
Mainboard	0.028** (2.29)	-0.022** (-2.54)	-0.051*** (-1.85)	-0.211*** (-3.27)	-0.011** (-2.49)	-0.066*** (-2.87)	-0.340** (-2.40)	-0.035* (-1.91)	-0.059*** (-2.96)
ServiceBank_Ch	0.315*** (2.91)	0.013*** (5.08)	-0.015 (-0.09)	-0.440** (-2.01)	0.021*** (5.90)	-0.030 (-0.39)	-0.145 (-0.30)	0.013*** (5.32)	-0.079 (-0.65)
Treat_others	0.072*** (2.66)			0.008*** (3.25)			0.127*** (7.09)		
Inumr		0.030 (0.62)	0.164 (0.51)		-0.015 (-0.90)	0.106 (0.95)		0.049** (2.50)	-0.069 (-1.01)
Constant	-1.263** (-2.40)	0.065 (0.72)	0.353 (0.53)	-0.248 (-0.76)	0.152*** (6.19)	0.207* (1.78)	-0.049 (-0.08)	0.328*** (4.61)	0.604* (1.75)
Fixed effect	IYR	IYR	IYR	IYR	IYR	IYR	IYR	IYR	IYR
N	7351	7351	7351	7351	7351	7351	7351	7351	7351
Adj. R^2/Pseud R^2	0.116	0.163	0.092	0.115	0.163	0.119	0.131	0.193	0.080

注: 括号内为 t 值, * 表示 p<0.10, ** 表示 p<0.05, *** 表示 p<0.01。回归中按照 Gvkey 进行了 Cluster by firm 的处理。

当期财政预算年度会计年度模式的样本公司；二是控制组（Treat = 0），其来源为选择历年制或契合当期财政预算年度的样本企业。根据独立性假设条件（Hirano and Imbens，2004），我们将匹配向量 Xi 的组合设定为公司规模（Size）、财务杠杆（Lev）、会计年度和经营周期匹配性（Mismatch）、资产报酬率（Roa）、是否在避税港注册（TaxHaven）、是否聘用高声誉会计师事务所（Big4）、第一大股东持股比例（Top1）、主要往来银行是否在中国境内（ServiceBank_Ch）。这些匹配变量会同时影响会计年度模式选择和呈报质量。我们用这些公司特征来估计倾向分值并运用最邻近方法（Nearest neighbor matching），根据两组间 p 值的相近度进行 1 : 1 的样本匹配。由表 6.6 可知，处理组（Treat = 1）的应计质量更低且目标达成动机更为明显，因而本章主回归所得到的结论是稳健的。

表6.6　　　　　会计年度模式选择和财务呈报质量：PSM 样本检验

Dep. Var =	Accrual_DD	Accrual_Jones	Accrual_KLW	Spde	Spe
	(1)	(2)	(3)	(4)	(5)
Treat = 1	0.005 * (1.71)	0.005 ** (2.12)	0.005 ** (2.11)	0.052 * (1.90)	0.053 ** (2.21)
Size	−0.010 *** (−3.40)	−0.010 *** (−3.28)	−0.010 *** (−4.03)	−0.043 ** (−2.53)	−0.006 ** (−2.37)
Lev	0.075 *** (4.45)	0.041 *** (2.67)	0.040 ** (2.42)	−0.068 * (−1.73)	−0.022 (−1.20)
Mismatch_12	0.005 * (1.80)	0.006 * (1.85)	0.003 (1.35)	0.017 (0.40)	0.063 * (1.78)
Roa	−0.060 (−1.53)	−0.191 *** (−3.08)	−0.002 ** (−2.16)	−0.144 (−1.52)	0.509 ** (−2.21)
TaxHaven	0.023 *** (3.21)	0.008 * (1.69)	0.004 (1.62)	0.035 *** (2.72)	0.035 * (1.83)
Big4	−0.005 * (−1.93)	−0.005 (−0.40)	−0.007 (−1.22)	−0.118 * (−1.76)	−0.061 (−0.93)

续表

Dep. Var =	Accrual_DD	Accrual_Jones	Accrual_KLW	Spde	Spe
	(1)	(2)	(3)	(4)	(5)
Mainboard	−0.026*	−0.020	0.008	−0.124	−0.004**
	(−1.93)	(−1.19)	(0.55)	(−1.22)	(−2.03)
ServiceBank_Ch	0.023**	0.081**	0.051	−0.323	−0.036
	(2.45)	(2.32)	(1.10)	(−1.22)	(−0.13)
Constant	0.272***	0.327***	0.304***	1.054**	−0.368
	(3.48)	(4.40)	(4.69)	(2.40)	(−0.85)
Fixed effect	IYR	IYR	IYR	IYR	IYR
Cluster at firm	Yes	Yes	Yes	Yes	Yes
N	612	786	786	786	786
Adj. R^2/Pseud R^2	0.29	0.16	0.16	0.15	0.13

注：括号内为 t 值，＊表示 p<0.10，＊＊表示 p<0.05，＊＊＊表示 p<0.01。回归中按照 Gvkey 进行了 Cluster by firm 的处理。

6.5.3.3　Placebo 检验

主回归的结果可能在任何一种会计年度模式分布情境下都可能存在，那么本书考察的会计年度模式所引致的处理效应的显著性将失去统计意义。为此，我们还进行了 Placebo 检验：首先，根据三类上市地点（香港/新加坡/美国）中样本企业的会计年度起讫日期的分布状况，为每个样本公司随机模拟分配一个会计年度起讫日期，该放回抽样过程共进行了 100 次（或 200 次）；其次，以模拟的起讫日期来判断 Placebo 状态下的会计年度模式，并生成模拟解释变量 Yend_Other$_n$（n = 1，2，…，100，…，500）；最后，将模拟解释变量 Yend_Other$_n$ 代入模型（6.2），对财务呈报质量变量进行回归，并记录每次回归结果。如果不受会计年度模式的影响，那么样本企业的财务呈报质量变量应无明显变化。表 6.7 报告了主要解释变量的回归系数和 P – value 的描述性统计情况。

在 100 次重复重样的情况下，我们虚构的解释变量（Yend_Other$_n$）回归系数平均值分别为 0.002（$Accrual\_DD_t$）、-0.009（$Spde_t$），且回归系数 β 显著为正和显著为负的概率相当；进一步的，在 200 次重复重样的情况下，虚构变量 $Yend\_Other_n$ 回归系数平均值分别为 0.002（$Accrual\_DD_t$）、0.002（$Spde_t$），回归系数 β 显著为正和显著为负的占比差异较小。可见，Placebo 检验结果意味着我们构造的虚拟处理效应并不存在，表明确实是由于会计年度模式这一特征可以影响财务呈报质量，而不是其他因素或噪音所导致的。

表6.7　　会计年度模式选择和财务呈报质量：Placebo 检验

变量	$Accrual\_DD_t$	$Spde_t$
A 栏：100 次重复抽样		
Mean β for $Yend\_Other_{t-1}$	0.002	-0.009
［% β > 0 & $\alpha \leq 5\%$ ；% β < 0 & $\alpha \leq 5\%$ ］	［2.3% ；2.3%］	［2.8% ；2.9%］
［% β > 0 & $\alpha \leq 1\%$ ；% β < 0 & $\alpha \leq 1\%$ ］	［2.1% ；2.0%］	［3.8% ；3.9%］
B 栏：200 次重复抽样		
Mean β for $Yend\_Other_{t-1}$	0.002	0.002
［% β > 0 & $\alpha \leq 5\%$ ；% β < 0 & $\alpha \leq 5\%$ ］	［3.6% ；5.2%］	［2.8% ；2.7%］
［% β > 0 & $\alpha \leq 1\%$ ；% β < 0 & $\alpha \leq 1\%$ ］	［3.0% ；4.2%］	［2.8% ；3.1%］

注：基于可放回（可重复）抽样，对样本公司的会计年度模式进行随机指派。对于每次抽样，均记录 β_1 的估计系数及其 T 值。表中，Mean β for $Yend\_Other_{t-1}$ 报告了对应于列变量（因变量）估计系数的描述性统计结果（列名为被解释变量）。方括号中，依次报告了估计系数 β_1 在 5% 水平下显著为正 ［% β > 0 & $\alpha \leq 5\%$］ 或者 5% 水平下显著为负 ［% β > 0 & $\alpha \leq 5\%$］ 的概率。回归中按照 Gvkey 进行了 Cluster by firm 的处理。

6.5.3.4　其他稳健性测试

如果企业披露的上一年度财务信息不符合企业所适用的会计准则，就会发生财务重述。财务重述为"财务报告失败"（financial reporting failure）提供了一个良好的度量指标（Srinivasan，2005）。借鉴高（Gao，2002）、帕姆罗斯等（Palmrose et al.，2004）的做法，本书研究关注的是引起以前年度盈余变更的财务重述，同时也不包含会计政策变更引起的以前年度盈余变更。为了度量企业财务信息披露的准确性，我们将调整的相应年度作为考察对象，而不将发布重述公告的年度作为考察对象。财务重述的虚拟变量（*Restate*）定义如下：如果样本公司在重述 t 年报告盈余，则该企业 t 年的 *Restate* 变量取值为 1，否则为 0。回归结果同样显示，选择非历年制会计以及非政府财政预算年度的企业有着更高的财务重述概率，限于篇幅未列出相关实证结果。

6.6　本章小结

本书克服以往单纯抨击统一历年制会计年度模式的片面性，在自由起讫日期环境下，以单纯赴港/海外上市的中资民营企业为样本，考察企业所选择的会计年度模式对财务呈报质量的影响。为克服以盈余反映系数刻画财务呈报质量的局限性，我们以盈余管理、企业目标达成动机作为公司盈余质量的度量方式。

基于本章的经验证据，研究发现如下结论：不同会计年度模式将极大影响财务呈报质量。具体而言，在控制公司特征、上市方式以及上市国家或地区的文化特征后，可以发现契合上市地财政预算年度的样本公司有着更高的财务呈报质量，坚持历年制会计年度的样本公司次之，自由选择其他会计年度的样本公司最差。基于 Heckman 自选择模型、PSM 配对检验、Placebo 检验及不同测度方式下的测试，本章的主要结果依然稳健。由此可知，即便赋予企业自由选择会计年度起讫日期的权利，企业也未必能够根据自身实际情况选择合适的起讫日期以提升财务报告的质量。如果不能契合财务报告目标并提升会计信息质量，则丧失了自由选择会计分期的社会意义。

第7章

会计年度模式对审计
效率和效果的影响

7.1　引　　言

如何提高审计效率并确保审计质量一直是理论界和实务界关注的焦点问题之一。2006 年，我国新发布的审计准则从审计目标的角度提出了审计质量的衡量标准。该准则规定，财务报表审计的目标是注册会计师通过执行审计工作，对财务报表的合法性、公允性发表审计意见。注册会计师的审计意见旨在提高财务报表的可信赖程度。因此，注册会计师通过签发审计意见向报表使用者提供的审计服务，如果能够提高财务报表的可信赖程度，那么审计就达到了其预期目标，审计质量也就越高。但是，该准则所涉及的审计质量衡量标准也不能解决审计质量的量化问题。

从新闻报道以及本书第四章的调研访谈结果来看，关于中国会计年度起讫日期的改革，呼声最高的群体来自财务报告的审计方，但却未曾有审计学者举证说明会计年度起讫日期对于审计工作将造成何种负面影响。本章以单纯赴港/海外上市的中资民营企业为样本，检验了样本公司所选择的不同会计年度模式是否会影响审计工作效率及效果。通过检验审计时滞和公司会计年度之间的关系，我们可以判断来自审计方的会计年度国际趋同呼吁是否具有必要性。

7.2 研 究 综 述

因为客户特征是决定审计资源分配①的重要依据（O'Keefe et al. 1994；Hackenbrack and Knechel，1997），而且审计师个人更倾向于依赖标准的审计程序来搜集审计证据，所以客户会计结账的安排将直接影响到审计证据的供给，从而影响到审计工作的效率和效果。既有研究考察了审计报告报出效率的影响因素，以及资本市场方面的经济后果（e. g.，Chambers and Penman，1984；Kross and Schroeder，1984）。审计效率和效果被认为是如下六个方面变量的函数：（1）内部控制以及审计团队的人员分工和资源分配（Bamher et al.，1993；Ettredge，2006；Hay et al.，2008；Knechel and Payne，2001）；（2）审计意见类型（Ashton et al.，1988）；（3）审计师事务所规模（Davis and Whittred，1980；Lawrence and Glover，1998；Tsai and Yank，2008）；（4）审计师行业专长（Ashton et al.，1988；Newton and Ashton，1989）；（5）审计师变更（Newton and Ashton，1989；Bamber et al. 1993；Schwartz and Soo，1996）；（6）非审计服务（MAS and tax）（Knechel and Payne，2001）。

在关于会计年度截止日期和审计效率效果之间的关系方面，既有研究给出了矛盾的结论：（1）牛顿和阿斯顿（Newton and Ashton，1989）认为历年制会计年度起讫日期有着更短的审计时间滞后性，但莱谢尔和帕恩（Knechel and Payne，2001）却认为在 12 月或者 1 月结账的公司往往有着更低的审计效率。（2）威廉姆和德史密斯（Williams and Dirsmith，1988）等一系列学者将审计师事务所接手客户的样本局限于那些采用历年制会计模式的企业，但是牛顿和阿斯顿（1989）鼓励学者们不要用会计年度起讫日期来限定样本范围，并鼓励将所有类型的会计年度模式都纳入实证研究的样本中。（3）更重

---

① 会计师以及事务所的工作安排往往和其自身选择的会计年度紧密相关。包括四大会计师事务所在内的国际会计公司的会计年度多有不同，所以为了追求国际公司年度收入排行榜的名词，可能会在客户来源上有所选择。比如，普华永道 6 月 30 日，德勤 5 月 31 日，安永 6 月 30 日，毕马威 9 月 30 日。

要的是，巴姆赫等（Bamher et al.，1993）认为客户的会计年度截止日期不应当被认为是影响审计效率的因素，因为他没有找到合适的理论来解释两者之间的关系，也没有发现实证模型上的显著性。（4）客户特征也是影响审计过程耗时长度的重要因素，合并报表内部的会计主体结构是其中最主要的客户特征。复杂企业（有多个子公司或分部）、公众公司和购买管理咨询服务的公司往往需要审计师事务所付出更多的工作努力（O'Keefe et al.，1994；Hackenbrack and Knechel 1997）。

7.3 理论推导与假说提出

如果赴港/海外上市公司放弃历年制会计，是否真会提高公司审计质量？本章将重点考察在赴港/海外上市的民营公司中，坚持12月31日结账和采用其他时间结账的公司相比，其审计质量、审计效率有何区别。

一方面，我们将检验自由选择起讫日期和审计工作效率之间的关系。繁忙的季节对于审计人员的工作要求更高，因为审计师个人的时间和精力是有限的。在集中审计的安排下，他们别无选择只能加班。与之相反，如果客户的审计需求均匀地分布在公历年度中的不同月份，那么审计师事务所的合伙人团队就可以向客户提供折扣审计费用以便利用闲置的审计资源。因此，在审计费用的公式中，审计师在繁忙季节的参与难度也应该考虑在内（Antle et al.，2006；Leventis et al.，2012）。会计起讫日期的聚集造成对集群周围的审计师和会计师的服务的强烈需求，从而提高了他们的服务费。如果会计年度起讫日期结束集中在特定的一个月，审计费用和审计费用预计会更高（Hay et al.，2006）。具体到日本，福川（2011）发现，这些公司的审计费用和成本都高于3月31日结束其会计年度起讫日期的公司，而非3月31日的其他公司。然而，克拉斯韦尔等（Craswell et al.，1995）和费格森等（Ferguson et al.，2003）基于澳大利亚上市公司的样本，并没有发现在这种自由起讫日期的环境下审计费用与会计年度选择之间的这种正向相关的证据。更重要的是，如果这些服务在日历年的周末确实更贵，那么企业就会偏离会计年度和公历年度的自然巧合（Huber and Kandel，1988）。

因此我们认为，相比坚持 12 月 31 日结账的赴港/海外上市公司而言，自由选择起讫日期的赴港/海外上市公司有着更短的审计时滞。据此，我们提出本章假设 7 - 1：

H7 - 1a：相比坚持 12 月 31 日结账的赴港/海外上市公司而言，选择契合上市地政府财政预算年度的赴港/海外上市公司有着更短的审计时滞和更低的审计收费。

H7 - 1b：相比坚持 12 月 31 日结账的赴港/海外上市公司而言，自由选择起讫日期的赴港/海外上市公司有着更短的审计时滞和更低的审计收费。

另一方面，审计繁忙季节也将导致审计师绩效受到更多的时间约束，疲劳和退化（Sweeney and Summers，2002；Jones et al.，2010）。潜在的个人压力导致的功能障碍结果包括受损的判断，弱客户解释的接受以及审计人员对压力条件的其他不适当的反应（DeZoort and Lord，1997）。因此，繁忙的季节压力可以降低企业层面和个人层面的审计质量（Alderman and Dietrick，1982；Kelley and Margheim，1990；Raghunathan，1991；Willet and Page，1996；Sweeney and Summers，2002；Coram et al.，2004；Cianci and Bierstaker，2009；Agoglia et al.，2010；Lopez and Peters，2012）。

基于既有文献，我们可以推出，在多元会计年度共存的模式下，企业可根据自身实际情况为注册会计师审核留足充分的时间。会计师事务所可以考虑到客户公司运转过程的现金周期，在报告日前通过函证的方式回收相关的收付证据，并在各客户年报审计业务上分配更多的优势审计师资源，进而提高年报的审计质量，保证会计信息的可靠性。统一会计年度给实务界造成的最大麻烦就是对审计资源的季节分配不均，使得上市公司的审计工作扎堆于每年的 1~4 月。因此，统一的会计年度截止时间增加了注册会计师在岁末年初的审计任务，造成优势审计资源的分配失衡，势必影响审计质量，降低会计信息的可靠性。据此，我们提出本章假设 7 - 2：

H7 - 2a：相比坚持 12 月 31 日结账的赴港/海外上市公司而言，选择契合上市地政府财政预算年度的赴港/海外上市公司有着更高的审计质量。

H7 - 2b：相比坚持 12 月 31 日结账的赴港/海外上市公司而言，自由选择起讫日期的赴港/海外上市公司有着更高的审计质量。

7.4　研究设计

7.4.1　样本数据

本章拟利用单纯赴港/海外上市公司为例,对比自由选择起讫日期的公司和坚持历年制的公司,从审计效率和审计质量两个角度来评价会计年度起讫日期对于审计工作的影响。本书实证样本包括 1996～2022 年期间单纯赴港/海外上市的中资民营企业。之所以选择 1996 年为起始点,是因为审计意见和审计收费的信息披露比较晚,从 1995 年 6 月 30 日才开始披露审计意见、自 1996 年 6 月 30 日才开始披露审计收费。我们从 Csmar、Resset 以及 Wind 等数据库组合获得中国赴港/海外上市公司的基本情况,并进一步从 WRDS 平台获取样本公司的财务信息。为统一货币度量,我们采用公司财务年度末的汇率,将所有财务数据转化为以美元计价。中国内地与香港,以及中国与新加坡和美国的文化差异指标源自 World Values Survey 的调查数据。

以此为初始样本,本章对其进行如下样本筛选:(1)删除最终控制人为国有性质的公司样本;(2)删除同时在中国内地沪深股市上市的公司样本;(3)删除在两个或两个以上境外证券交易所上市的公司样本;(4)删除单纯在法兰克福证券交易所①上市的内地民营公司样本;(5)删除行业性质为金融业(银行、保险、证券等)的公司样本②;(6)删除基本公司情况和年度财务信息缺失的样本;(7)删除上市年龄不足 3 年的上市公司。经过如上筛

---

　　①　由于德国采用自由起讫模式的历年制会计年度,且赴德国上市的中资民营企业数量较少,难以在实证研究中与中国高度统一模式的历年制会计年度相区分。

　　②　剔除金融企业的原因在于:金融行业的年报信息关系国家财政政策和货币政策等宏观调控手段,同时金融行业对国家宏观调控的反应也最为敏感。为了促进金融行业之间的信息沟通,最终有利于防范和控制财政和金融风险,金融行业的会计年度应由国家统一规定,不涉及最佳会计年度起讫日期的选择问题。因此,将其从实证样本中排除。

选，我们共保留 5212 个公司样本。

7.4.2　变量设置

7.4.2.1　被解释变量

一方面，我们利用两类指标来度量审计效率：其一为审计及时性（Audit-Delay），为了确保代入 OLS 模型指标的正态化特质，我们采用了公司会计年度结束日至审计报告签署日之间的日历时间天数的自然对数[①]。其二为审计收费情况（AuditFee），参考前人的做法（Simunic，1980；Francis，1984；Firth，1985；Raghunandan and Rama，2006），我们将样本企业全年在审计业务上的经济投入总额的自然对数作为公司的审计成本，该指标即事务所的审计业务收入。

另一方面，利用另外两类指标来度量审计效果：其一为审计意见类型（AuditType），参考弗朗西斯和克里希南（1999）、雷诺士（1999）的做法，采用公司年报被出具的审计意见类型（是否为"保留意见"）来度量审计质量。其二为聘用四大会计师事务所的概率（Big4）[②]，我们参考了前人的做法（Teoh and Wong，1993；Becker et al.，1998；Krishnan、2003；Stanley and De Zoort，2007；Romanus et al.，2008；Lobo and Zhao，2013），将聘用国际四大会计师事务所作为审计质量的逆向代理，其原理在于高声誉的审计师事务所可以检测到更多的错误并减少错误的呈报。

7.4.2.2　解释变量

本章设置一系列的二分类虚拟变量以体现单纯赴港/海外上市的民营公司所选择的会计年度模式：其一，利用 Yend_12 来表示历年制模式。如果采用

[①] 从既有文献来看，有两种几乎相同的方法来度量审计及时性：一种是审计报告滞后（ARL），即审计师完成审计工作的天数（Knechel and Payne，2001；Ashton et al.，1987）；另一种是盈余公告滞后（EAL），即从客户的会计年度截止日期到公开披露审计盈余公告的时间段长度（Williams and Dirsmith，1988）。受限于无法获取审计工时数据，我们采用盈余公告滞后来度量审计及时性。

[②] 对 IFRS 下生成的报表，很多学者在识别事务所声誉时也采用了国际前八大（Teoh and Wong，1993；Becker et al.，1998）、前六大（Krishnan，2003）。为了和本书第四章的问卷访谈保持一致，此处仅选择前四大事务所作为识别事务所声誉的标准。

样本企业选择 12 月 31 日作为自己的会计年度截止日期，则 *Yend_12* 取 1，否则取 0①。其二，利用 *Yend_FGov* 来表示契合政府财政预算年度的会计年度模式。如果样本企业采用上市地政府指导的会计年度作为自己的会计年度截止日期，则 *Yend_FGov* 取 1，否则取 0。其三，利用 *Yend_Other* 来表示自由选择的其他会计年度模式。如果样本企业自由选用其他会计年度作为自己的会计年度截止日期，则 *Yend_Other* 取 1，否则取 0。

7.4.2.3　控制变量

我们在模型中纳入了如下控制变量：（1）公司规模（*Size*），即总资产的自然对数；（2）财务杠杆（*Lev*），即资产负债率；（3）企业营业周期与自然年度的匹配性（*Mismatch*）。以公司年度样本的（−1，+1）为窗口，如果会计年度起讫日期所在季度的平均销售商品或提供劳务平均收到的现金均大于时间窗口内其他季度的平均值，则该指标为 1，否则为 0；（4）总资产收益率（*Roa*），即用公司当年会计利润除以期初期末平均总资产；（5）第一大股东持股比例（*Top*1）；（6）聘用审计师事务所的声誉（*Big*4），如果样本公司聘用四大会计师事务所进行审计，则 *Big*4 取 1，否则取 0；（7）注册于国际避税港的虚拟变量（*TaxHaven*），如果上市公司的注册地位于列支敦士登、安道尔、摩纳哥及英属维尔京群岛、百慕大、美属萨摩亚、文莱、开曼、纽埃等国际避税港，则 *TaxHaven* 取 1，否则取 0；（8）最终控制人是否为具有中国国籍的中国内地人士（*ServiceBank_Ch*），如果企业最终控制人为中国内地的个人，则该指标取 1，否则取 0。此外，我们还控制了公司上市国家/地区固定效应、行业固定效应和公司成立注册的年代固定效应②。表 7.1 为主要变量的定义和度量。

---

① 如第 5 章所述，由于在自由起讫日期环境下的企业通常具有变更会计年度的权利，所以 *Yend_*12 为公司一年度层面的变量。

② 此处的年代固定效应由四个虚拟变量来替代，分别为 20 世纪 80 年代（*Estyear_*80）、20 世纪 90 年代（*Estyear_*90）、21 世纪前 10 年（*Estyear_*00）以及 21 世纪第二个 10 年（*Estyear_*10）。如果企业成立于 1983~1989 年之间，则 *Estyear_*80 取 1，否则取 0；如果企业成立于 1990~1999 年之间，则 *Estyear_*90 取 1，否则取 0；如果企业成立于 2000~2009 年之间，则 *Estyear_*00 取 1，否则取 0；如果企业成立于 2010~2019 年之间，则 *Estyear_*10 取 1，否则取 0；如果企业成立于 2020~2022 年之间，则 *Estyear_*20 取 1，否则取 0。

表 7.1 　　　　　　　　　　　　　　主要变量的定义

变量	符号	定义和度量
因变量	*AuditDelay*	审计及时性。即公司会计年度结束日至审计报告签署日之间的日历时间天数的自然对数
	AuditFee	审计收费。即样本企业全年在审计业务上的经济投入总额的自然对数
	AuditType	审计质量。如果公司年报被出具的审计意见类型是无保留意见，则 *AuditType* 取 1，否则取 0
	Big4	聘用高水平审计师事务所的声誉。如果样本公司聘用四大会计师事务所进行审计，则 *Big4* 取 1，否则取 0
解释变量	*Yend_12*	历年制模式。如果采用样本企业选择 12 月 31 日作为自己的会计年度截止日期，则 *Yend_12* 取 1，否则取 0
	Yend_FGov	契合政府财政预算年度的会计年度模式。如果样本企业采用上市地政府指导的会计年度作为自己的会计年度截止日期，则 *Yend_FGov* 取 1，否则取 0
	Yend_Other	自由选择的其他会计年度模式。如果样本企业自由选用了其他会计年度作为自己的会计年度截止日期，则 *Yend_Other* 取 1，否则取 0
控制变量	*Size*	企业规模，即总资产的自然对数
	Lev	资产负债率
	Mismatch_12	企业营业周期与自然年度的匹配性。以公司年度样本的（−1，+1）为窗口，如果当年第四季度以及次年第一季度的平均销售商品或提供劳务平均收到的现金均大于时间窗口内其他季度的平均值，则该指标为 1，否则为 0
	Roa	总资产收益率。即用公司当年会计利润除以期初期末平均总资产
	TaxHaven	注册于国际避税港的虚拟变量。如果上市公司的注册地位于列支敦士登、安道尔、摩纳哥及英属维尔京群岛、百慕大、美属萨摩亚、文莱、开曼、纽埃等国际避税港，则 *TaxHaven* 取 1，否则取 0
	Mainboard	上市板块。如果在主板上市则 *Mainboard* 取 1，在其他板块上市取 0
	Top1	第一大股东持股比例
	ServiceBank_Ch	最终控制人是否为具有中国国籍的中国内地人士（*ServiceBank_Ch*），如果企业最终控制人为中国内地的个人，则该指标取 1，否则取 0
	Treat_Others	上一期的同行业中其他公司选择同类会计年度模式的比例

7.4.3 实证模型设置

为了检验假设 7 - 1 和假设 7 - 2，我们建立估计模型（7.1）。其中，审计特征（*Audit_Feature*）的代理变量分为四类：审计时滞（*AuditDelay*）、审计费用（*AuditFee*）、审计意见类型（*AuditType*）、聘用高声誉事务所（*Big*4）。

$$Audit\_Feature_{i,t} = \beta_0 + \beta_1 Yend_{i,t} + Controls_{i,t} + \varepsilon \qquad (7.1)$$

我们在式（7.1）中加入相应的控制变量以消除个体差异。由于本书的研究样本是典型的面板数据，所以在时间序列上企业的固定效应具有持续性，而在一个固定时刻，不同企业之间也存在相关性。并且本书的数据是典型的时间序列短而横截面公司数量多的面板数据。因为一般的估计方法会高估显著水平，所以对于此类面板数据而言，最优的估计方法是使用聚类（Cluster）方法来调整估计系数的标准误差。

7.5 实证结果

7.5.1 描述性统计

表 7.2 的 Panel A 列示了主要变量描述统计情况，连续变量均在 1% 的水平上进行 Winsorize 缩尾处理以排除异常值干扰。从审计效果的替代变量来看，审计时滞指标（*AuditDelay*）中位数和均值在三组之间均存在显著的差异，在灵活选择会计年度的样本（*Yend_Other*）中最短，在选择政府指导年度的样本（*Yend_FGov*）中其次，在坚持历年制的样本（*Yend_*12）中最长；审计收费指标（*AuditFee*）中位数和均值在三组之间均不存在显著的差异。从审计效果的替代变量来看，两类指标（*AuditType*、*Big*4）的方向不具有一致性，我们将在回归分析中控制其他因素以再次考察会计分期对于审计效果的影响。

表 7.2 主要变量的描述性统计

Panel A 全样本描述

Variable	频数	均值	标准差	10%	25%	中位数	75%	90%
AuditDelay	6516	4.350	0.336	4.425	4.431	4.938	4.822	4.683
AuditFee	6516	2.217	0.841	2.481	3.073	2.397	2.930	3.048
AuditType	6516	0.912	0.235	0.000	1.000	1.000	1.000	1.000
Big4	6516	0.619	0.526	0.000	0.000	1.000	1.000	1.000
Yend_12	6516	0.777	0.375	0.000	1.000	1.000	1.000	1.000
Yend_FGov	6516	0.129	0.316	0.000	0.000	0.000	0.000	1.000
Yend_Other	6516	0.061	0.229	0.000	0.000	0.000	0.000	0.000
Size	6516	7.333	2.375	5.017	5.488	7.765	8.935	12.199
Lev	6516	0.382	0.339	0.040	0.082	0.308	0.616	0.829
Mismatch_12	6516	0.233	0.434	0.000	0.000	0.000	0.000	1.000
Roa	6516	0.013	0.162	-0.090	0.001	0.012	0.066	0.142
TaxHaven	6516	0.469	0.536	0.000	0.000	0.000	1.000	1.000
Mainboard	6516	0.737	0.476	0.000	1.000	1.000	1.000	1.000
ServiceBank_Ch	6516	0.585	0.469	0.000	0.000	1.000	1.000	1.000

续表

Panel B 分组均值和中位数检验

变量	Yend_FGov (N=769)		Yend_12 (N=4131)		Yend_Other (N=312)		Yend_Other VS. Yend_12		Yend_Other VS. Yend_FGov		Yend_FGov VS. Yend_12	
	均值	中位数	均值	中位数	均值	中位数	均值T检验	中位数Z检验	均值T检验	中位数Z检验	均值T检验	中位数Z检验
AuditDelay	4.263	4.501	4.276	4.631	4.157	4.181	-2.19^{**}	-3.25^{***}	-3.12^{***}	-2.77^{***}	-1.98^{**}	-2.05^{**}
AuditFee	2.213	2.155	2.216	2.233	2.262	2.259	1.28	1.64	1.56	1.09	-1.32	-1.24
AuditType	0.913	1.000	0.927	1.000	0.966	1.000	3.17^{***}	2.86^{***}	6.25^{***}	5.03^{***}	-1.37	-1.05
Big4	0.474	0.000	0.709	1.000	0.546	1.000	-3.43^{***}	-3.18^{***}	1.85^{*}	5.47^{***}	-5.33^{***}	-5.73^{***}
Size	5.419	5.607	7.758	7.092	5.310	5.212	-5.23^{***}	-5.87^{***}	-2.69^{***}	-2.76^{***}	-5.32^{***}	-5.27^{***}
Lev	0.563	0.420	0.319	0.247	0.392	0.290	3.53^{***}	3.56^{***}	-5.10^{***}	-5.19^{***}	5.22^{***}	5.15^{***}
Mismatch_12	0.055	0.000	0.219	0.000	0.040	0.000	-6.08^{***}	-6.07^{***}	-2.24^{**}	-2.27^{**}	-4.10^{***}	-3.32^{***}
Roa	0.010	0.007	0.016	0.019	-0.040	-0.004	-10.6^{***}	-12.4^{***}	-8.44^{***}	-8.72^{***}	-5.52^{***}	-5.61^{***}
TaxHaven	0.666	1.000	0.291	0.000	0.510	1.000	7.08^{***}	5.11^{***}	-10.6^{***}	-9.97^{***}	11.6^{***}	10.9^{***}
Mainboard	0.764	1.000	0.714	1.000	0.576	1.000	-8.66^{***}	-7.98^{***}	-10.5^{***}	-9.00^{***}	2.72^{***}	2.51^{**}
ServiceBank_Ch	0.612	0.000	0.570	0.000	0.591	0.000	2.16^{**}	2.00^{**}	-3.34^{***}	-2.96^{***}	5.42^{***}	4.94^{***}

注：* 表示 $p < 0.10$，** 表示 $p < 0.05$，*** 表示 $p < 0.01$。

表7.3 列示了审计效率和效果模型中主要变量的 Pearson 和 Spearman 相关系数。从矩阵中可以看出，审计时滞指标（AuditDelay）与 Yend_Other 显著负相关，与 Yend_FGov 之间的正相关关系较为微弱，与 Yend_12 显著正相关；审计收费指标（AuditFee）、审计效果指标（AuditType）和本章的会计年度模式指标（Yend_Other、Yend_FGov、Yend_12）之间的相关性较低；审计效果指标（AuditType）与 Yend_12 以及 Yend_FGov 的正相关关系较为微弱，与 Yend_Other 之间不相关。聘用审计师事务所的声誉（Big4）和历年制会计年度模式正相关，和其他会计年度模式负相关。其他变量之间的相关系数同样比较符合预期且直观，比如，公司规模与资产收益率显著负相关，表明规模越大的公司，其盈利能力也越差；财务杠杆与资产收益率显著正相关，表明财务杠杆高的公司，其盈利能力越好。此外，解释变量之间的相关系数和 VIF 检验①均显示各变量之间不存在明显的多重共线性。

7.5.2　回归结果

表7.4 展示了会计年度模式选择对审计效率和效果的影响模型。从审计效率回归结果可以看出，如果样本企业坚持使用历年制会计年度（Yend_12）或者选择契合上市地点政府财政预算年度（Yend_FGov），则审计时滞（AuditDelay）更高，即审计时滞（公司会计年度截止日期和审计报告发布日期之间的日历天数）会相应增长，意味着会计师事务所往往需要对此类企业投入更长的工时，该结论与莱谢尔和帕恩（2001）以加拿大审计人员为样本的相关研究保持了较高的一致性。相比之下，选择其他会计年度起讫日期的样本公司（Yend_Other）有着更高的审计及时性，将为合作事务所带来更高的工作效率。然而，我们从企业的成本花费（AuditFee）来看，并未发现某种特定的会计分期模式会显著降低审计收费，这意味着审计服务供给方并未将因选择其他会计年度起讫日期的样本公司"错峰审计"而降低对其收费标准。

---

① 对模型计算的 VIF 值均值不超过 4，与 Pearson 相关系数结果一致，表明多重共线性影响不严重。

表7.3

变量的相关系数矩阵

变量	AuditDelay	AuditFee	AuditType	Big4	Yend_12	Yend_FGov	Yend_Other	Size	Lev	Mismatch_12	Roa	TaxHaven	Mainboard	ServiceBank_Ch
AuditDelay	1.000	0.134**	-0.165***	-0.014**	0.052***	0.019*	-0.030***	0.047***	0.060***	-0.089***	-0.216***	0.096***	-0.017**	0.105***
AuditFee	0.118***	1.000	0.064***	0.320***	0.010	0.010	-0.008	0.521***	0.238***	0.032***	0.042***	-0.033***	0.114***	0.152***
AuditType	-0.273***	0.065***	1.000	0.033***	0.017*	0.012*	-0.079	0.142***	-0.125***	-0.004	0.224***	-0.152***	0.038***	0.050***
Big4	-0.023**	0.345***	0.030***	1.000	0.142***	-0.107***	-0.084***	0.284***	0.066***	0.072***	-0.022*	0.211***	0.373***	0.225***
Yend_12	0.038***	0.004	0.016*	0.141***	1.000	-0.759***	-0.393***	0.329***	-0.192***	-0.161***	-0.078***	-0.147***	0.063***	0.187***
Yend_FGov	0.018**	0.01	0.012*	-0.110***	-0.717***	1.000	-0.081***	-0.204***	0.189***	0.106***	0.077***	0.141***	-0.021	-0.120***
Yend_Other	-0.044***	-0.004	-0.056	-0.079***	-0.310***	-0.071***	1.000	-0.225***	0.086***	-0.031*	0.031*	0.038***	-0.065***	-0.164***
Size	0.067***	0.502***	0.147***	0.290***	0.320***	-0.192***	-0.230***	1.000	-0.135***	0.108***	-0.307***	-0.209***	0.435***	0.480***
Lev	0.048***	0.243***	-0.137***	0.054***	-0.173***	0.171***	0.064***	-0.172***	1.000	-0.436***	0.230***	0.563***	-0.019	-0.169***
Mismatch_12	-0.062***	0.043***	-0.004	0.067***	-0.145***	0.112***	-0.040***	0.118*	-0.393***	1.000	-0.140***	-0.321***	0.155***	0.293***
Roa	-0.173***	0.054***	0.294***	-0.014*	-0.048***	0.072*	0.020*	-0.233***	0.133***	-0.134***	1.000	0.341***	0.007	-0.099***
TaxHaven	0.071***	-0.05***	-0.148***	0.207***	-0.147***	0.143***	0.042***	-0.232***	0.534***	-0.323***	0.215***	1.000	0.180***	0.237***
Mainboard	-0.011***	0.121***	0.027***	0.363***	0.064***	-0.026	-0.064***	0.388***	-0.012	0.139***	0.010	0.185***	1.000	0.311***
ServiceBank_Ch	0.123***	0.162***	0.074***	0.207***	0.182***	-0.109***	-0.167***	0.491***	-0.100***	0.317***	-0.041***	0.225***	0.306***	1.000

注: * 表示 p < 0.10, ** 表示 p < 0.05, *** 表示 p < 0.01。左下角列示的为 Pearson 相关系数, 右上角列示的为 Spearman 相关系数。

表7.4　会计年度模式选择与审计效率和效果的检验结果

Dep. Var =	A栏: 坚持使用历年制会计年度模式				B栏: 契合政府财政预算年度的会计年度模式				C栏: 自由选择的其他会计年度模式			
	AuditDelay (1)	AuditFee (2)	AuditType (3)	Big4 (4)	AuditDelay (5)	AuditFee (6)	AuditType (7)	Big4 (8)	AuditDelay (9)	AuditFee (10)	AuditType (11)	Big4 (12)
Yend_12	0.032** (2.40)	0.023 (1.12)	0.003*** (3.00)	0.002 (1.33)								
Yend_FGov					0.005* (1.77)	−0.011 (−1.52)	0.009 (1.36)	0.004 (1.33)				
Yend_Other									−0.043*** (−3.37)	−0.004 (−0.12)	−0.016*** (−5.83)	−0.010* (−1.78)
Size	0.380*** (5.33)	0.008*** (6.36)	0.010*** (8.09)	0.393*** (12.8)	0.315*** (2.71)	0.002*** (7.67)	0.031*** (7.98)	0.357*** (10.3)	0.119*** (2.62)	0.006*** (6.71)	0.032*** (9.63)	0.327*** (11.0)
Lev	0.122*** (4.40)	0.011** (2.47)	−0.040*** (−4.75)	0.091** (2.13)	0.174*** (5.31)	0.009** (2.02)	−0.133*** (−6.98)	0.100*** (3.72)	0.160*** (5.33)	0.003** (2.18)	−0.124*** (−8.98)	0.080*** (3.15)
Mismatch_12	0.033** (2.36)	0.007* (1.88)	0.011*** (3.43)	−0.029*** (−3.29)	0.010** (2.01)	0.011** (2.20)	0.011*** (3.16)	−0.025*** (−3.36)	0.019** (2.31)	0.006* (1.94)	0.013*** (2.86)	−0.082*** (−3.73)
Roa	−0.188* (−1.82)	0.028 (0.98)	0.436*** (26.3)	−0.481*** (−6.21)	−0.162* (−1.71)	0.040 (1.05)	0.801*** (27.9)	−0.419*** (−7.02)	−0.323* (−1.73)	0.091 (1.55)	0.802*** (24.1)	−0.430*** (−6.30)
TaxHaven	0.023*** (3.32)	−0.029*** (−8.93)	−0.036*** (−10.6)	0.041*** (4.30)	0.025*** (5.01)	−0.045*** (−11.1)	−0.054*** (−12.3)	0.033*** (4.34)	0.032*** (4.52)	−0.052*** (−11.1)	−0.074*** (−14.5)	0.035*** (3.38)

续表

Dep. Var =	A栏：坚持使用历年制会计年度模式				B栏：契合政府财政预算年度的会计年度模式				C栏：自由选择的其他会计年度模式			
	AuditDelxy	AuditFee	AuditType	Big4	AuditDelay	AuditFee	AuditType	Big4	AuditDelay	AuditFee	AuditType	Big4
	(1)	(2)	(3)	(4)	(5)	(6)	(7)	(8)	(9)	(10)	(11)	(12)
Big4	0.715 (1.32)	0.010** (2.19)	-0.004*** (-5.82)		0.612 (1.40)	0.020*** (3.12)	-0.043*** (-6.70)		0.051 (1.33)	0.033*** (2.60)	-0.053*** (-5.91)	
Mainboard	0.030 (1.13)	0.007 (1.12)	-0.004*** (-2.99)	0.040** (2.16)	0.054 (0.88)	-0.002 (-0.25)	-0.030*** (-3.66)	0.045*** (2.60)	0.062 (0.67)	0.001 (0.13)	-0.027** (-2.41)	0.066*** (2.90)
ServiceBank_Ch	0.903*** (3.28)	0.060 (0.50)	-0.036** (-2.23)	0.207*** (3.72)	0.722*** (3.79)	0.013 (0.45)	-0.025* (-1.78)	0.223*** (4.09)	0.823*** (3.19)	0.026 (1.26)	-0.022* (-1.79)	0.226*** (3.68)
Constant	1.639*** (26.3)	0.098 (1.54)	0.326*** (10.4)	4.457*** (36.2)	1.558*** (26.9)	-0.034 (-0.37)	0.392*** (6.37)	5.321*** (55.2)	1.238*** (26.3)	0.034 (0.51)	0.401*** (5.02)	2.635*** (35.2)
Fixed effect	IYR	IYR	IYR	IYR	IYR	IYR	IYR	IYR	IYR	IYR	IYR	IYR
Cluster at firm	Yes	Yes	Yes	Yes	Yes	Yes	Yes	Yes	Yes	Yes	Yes	Yes
N	6516	6516	6516	6516	6516	6516	6516	6516	6516	6516	6516	6516
Adj. R2/Pseud R2	0.091	0.022	0.063	0.701	0.088	0.022	0.070	0.696	0.090	0.025	0.072	0.688

注：括号内为 t 值，* 表示 $p < 0.10$，** 表示 $p < 0.05$，*** 表示 $p < 0.01$。回归中按照 Gvkey 进行了 Cluster by firm 的处理。

进一步，我们从审计质量的相关模型可以看出，选择其他会计年度起讫日期的样本公司（*Yend_Other*）收到保留意见（Going - Cencern）的可能性更大，而坚持使用历年制会计年度（*Yend_12*）收到保留意见的可能性较小，这个结果支持本节提出的研究假说，即企业选择奇特截止时间会影响对审计风险的判断谨慎性，进而提高其出具保留意见的风险。我们还发现，会计分期模式和企业聘用事务所的意愿具有一定的关联，灵活的会计年度起讫日期（*Yend_Other*）与聘用高声誉事务所的可能性在10%的水平上显著负相关。虽然该显著性较低，但仍然可以看出此类企业具有一定规避审计的意愿。

在控制变量方面，资产负债率（*Lev*）、在避税港注册（*TaxHaven*）与审计时滞正相关，这与莱谢尔和帕恩（2001）、埃特雷奇等（2006）的结论相同；公司规模（*Size*）、资产负债率（*Lev*）与审计收费显著正相关，这与西穆尼奇（Simunic，1981）、阿斯顿等（Ashton et al.，1987）、奥基夫等（1994）的结论相同，说明公司规模越大、财务杠杆越高，则需要付诸的审计服务成本越高；公司规模（*Size*）与审计意见类型、事务所规模均正相关，说明大公司更容易收到无保留意见且更有可能聘用高声誉事务所从事第三方审计，这与吉弗里和帕尔曼（1982）的发现相同。其他控制变量不再一一赘述。

7.5.3 稳健性检验

7.5.3.1 潜在的自选择问题：Heckman 自选择模型检验

主回归假定所有赴港/海外上市公司在会计分期模式的选择方面具有随机性，故解释变量 *Yend_12*、*Yend_FGov*、*Yend_Other* 在回归模型中均被视为外生变量，即要求会计分期模式选择与公司特征不存在相互影响。从计量经济学的角度来看，上述假设可能由于自选择问题而存在一定的局限性，从而使得上述发现可能为一个有偏估计。针对主模型中可能存在自选择问题，本书采用赫克曼（1978）提出的二阶段回归方法设计并依次拟合模型（7.2）和模型（7.3），以检验主回归模型的稳健性。

$$YendExp_{i,t-1} = \alpha_0 + \alpha_1 \times Controls_{i,t-1} + \alpha_1 \times Treat\_Other_{i,t-1} + \mu \quad (7.2)$$

在 Heckman 第一阶段的模型（7.2）中，我们对 $YendExp_{i,t-1}$ 进行 $Probit$ 回归，并利用系数估计值计算逆米尔斯比（IMR）。除了公司规模、资产负债率等影响会计年度模式选择的因素以外，雷诺克斯等（2012）认为赫克曼的 Probit 模型中应设置同类群体中其他公司特征作为"排除性约束"（exclusion restrictions）。据此，本书在第一阶段纳入了上一期的相同上市地点其他样本公司选择相应会计年度的比例以及主模型的全部控制变量。模型（7.2）的回归结果如表 7.5 中的 Step 1 所示。

$$Audit\_Feature_{i,t} = \beta_0 + \beta_1 \times YendExp_{i,t-1} + \gamma_1 \times Controls_{i,t-1} + \gamma_1 \times IMR_{i,t-1} + \varepsilon$$

(7.3)

在 Heckman 第二阶段中，我们将第一阶段所得到的会计年度模式的预测值 $YendExp_{i,t-1}$ 带入 OLS 模型，并对模型（7.3）进行拟合。由于我们旨在检验主回归中的主要结论是否稳健成立，因此将审计效率和效果指标（$AuditDelay$、$AuditFee$、$AuditType$、$Big4$）作为被解释变量，回归结果如表 7.5 中的 Step 2 所示。可见，自由选择的会计年度模式（$Other\_Exp$）对 $Accrual\_DD$ 和 $Spde$ 的回归系数仍然显著为正，对 $AuditDelay$ 的回归系数仍然显著为负；坚持历年制会计年度（$Yend12\_Exp$）的各项回归系数虽然显著性有所下降，但仍然与主回归保持一致，说明控制了自选择问题后本书的实证结果仍然不变。

7.5.3.2　内生性问题：倾向分值匹配

为了减轻模型（7.1）中可能存在的内生性问题，本书运用 PSM 方法对模型（7.1）进行重新拟合，进而减轻潜在的内生性问题。匹配过程如下：以样本公司是否选择历年制或契合当期财政预算年度为标准，本书将总体样本分为两大类：一是处理组（$Treat=1$），是既没有选择历年制也没有契合当期财政预算年度会计年度模式的样本公司；二是控制组（$Treat=0$），其来源为选择历年制或契合当期财政预算年度的样本企业。根据独立性假设条件（Hirano and Imbens，2004），我们将匹配向量 Xi 的组合设定为公司规模（$Size$）、财务杠杆（Lev）、会计年度和经营周期匹配性（$Mismatch$）、资产报酬率（Roa）、是否在避税港注册（$TaxHaven$）、是否聘用高声誉会计师事务所

表 7.5　会计年度模式选择与审计效率和效果：Heckman 自选择模型

Dep. Var =	A栏：坚持使用历年制会计年度模式 Step 1: Probit — Yend_12 (1)	Step 2: OLS — AuditDelay (2)	AuditFee (3)	AuditType (4)	Big4 (5)	B栏：契合政府财政预算年度的会计年度模式 Step 1: Probit — Yend_FGov (6)	Step 2: OLS — AuditDelay (7)	AuditFee (8)	AuditType (9)	Big4 (10)	C栏：自由选择的其他会计年度模式 Step 1: Probit — Yend_Other (11)	Step 2: OLS — AuditDelay (12)	AuditFee (13)	AuditType (14)	Big4 (15)
Yend12_Exp		0.036* (1.69)	-0.698 (-1.25)	0.003*** (2.77)	0.000 (1.25)										
FGov_Exp							0.005 (1.52)	-0.215 (-1.50)	-0.040 (-1.26)	-1.039 (-0.88)					
Other_Exp												-0.112*** (-2.22)	-0.129 (-1.36)	-0.198*** (-3.55)	-0.027** (-2.13)
Size	0.040** (2.35)	0.040*** (2.90)	0.406*** (5.53)	0.021*** (12.2)	0.202** (2.52)	-0.020* (-1.78)	0.024*** (3.20)	0.399*** (6.92)	0.031*** (12.4)	0.010 (0.28)	-0.059*** (-2.64)	0.034*** (3.82)	0.386*** (6.92)	0.024* (1.70)	0.038 (1.07)
Lev	0.866 (1.25)	0.052** (2.22)	0.280** (2.43)	-0.059*** (-4.13)	0.678** (2.26)	-0.190 (-1.35)	0.054** (2.55)	0.209*** (3.06)	-0.103*** (-5.34)	0.500** (2.12)	-0.555* (-1.53)	0.131** (2.34)	0.410*** (3.38)	-0.105*** (-5.51)	0.559*** (2.62)
Mismatch_12	-0.075*** (-2.76)	0.085*** (3.22)	-0.088* (-1.77)	-0.002 (-0.71)	-1.161** (-2.16)	0.032** (2.12)	0.014*** (3.80)	-0.068 (-1.33)	0.011 (1.02)	-0.406*** (-3.59)	0.036* (1.80)	0.015*** (3.43)	-0.072* (-1.78)	0.030 (1.10)	-0.016*** (-3.47)
Roa	0.173 (1.00)	-0.359*** (-3.26)	0.968 (1.59)	0.337*** (13.5)	-0.805** (-2.33)	0.014 (0.76)	-0.386*** (-6.57)	0.333 (1.60)	0.751*** (17.3)	-0.155*** (-3.24)	-0.762 (-0.40)	-0.977*** (-7.69)	0.030 (1.94)	0.822*** (10.7)	-0.963*** (-7.75)
TaxHaven	-0.332* (-1.78)	0.035** (2.35)	-0.020*** (-10.7)	-0.032*** (-9.55)	0.126*** (3.56)	-0.336* (-1.50)	0.029*** (3.39)	-0.022*** (-7.86)	-0.050*** (-11.24)	0.037*** (3.17)	0.130*** (2.70)	0.078** (2.13)	-0.025*** (-6.24)	-0.096*** (-11.29)	0.072*** (3.99)

续表

Dep. Var =	A栏: 坚持使用历年制会计年度模式					B栏: 契合政府财政预算年度的会计年度模式					C栏: 自由选择的其他会计年度模式				
	Step 1: Probit	Step 2: OLS				Step 1: Probit	Step 2: OLS				Step 1: Probit	Step 2: OLS			
	Yend_12	AuditDelay	AuditFee	AuditType	Big4	Yend_FGov	AuditDelay	AuditFee	AuditType	Big4	Yend_Other	AuditDelay	AuditFee	AuditType	Big4
	(1)	(2)	(3)	(4)	(5)	(6)	(7)	(8)	(9)	(10)	(11)	(12)	(13)	(14)	(15)
Big4	0.156*** (2.70)	0.034 (0.68)	0.622*** (5.12)	-0.021*** (-3.39)		-0.157*** (-3.26)	-0.003 (-0.22)	0.689*** (28.3)	-0.040*** (-3.62)		0.117 (1.33)	0.072 (1.47)	0.930*** (10.69)	-0.136** (-2.50)	
Mainboard	0.090*** (3.10)	0.009 (1.17)	-0.093 (-0.79)	-0.025** (-2.08)	0.040*** (2.78)	-0.125** (-2.33)	0.024 (1.12)	0.038 (1.22)	-0.029** (-2.24)	0.026*** (3.20)	0.223 (1.37)	0.073 (0.86)	0.070 (0.66)	-0.031** (-2.34)	0.008*** (3.04)
ServiceBank_Ch	0.027** (1.99)	0.224*** (3.46)	0.820 (1.31)	-0.087** (-1.96)	0.104*** (4.06)	-0.107*** (-2.61)	0.221*** (3.19)	0.202 (1.45)	-0.015* (-1.99)	0.336*** (3.58)	-0.870 (-1.27)	0.230*** (3.45)	0.366 (1.04)	-0.234* (-1.92)	0.057*** (4.19)
Treat_others	1.412** (2.24)					0.037*** (7.80)					0.171*** (12.5)				
Inumr		0.215 (0.78)	-1.146 (-1.47)	0.053*** (10.5)	5.459*** (32.4)		0.032 (0.16)	0.010 (0.15)	0.056*** (10.7)	3.563*** (34.4)		0.039 (0.55)	0.063 (1.37)	0.011*** (5.19)	3.020*** (30.2)
Constant	-1.514*** (-3.42)	2.891*** (14.19)	0.036** (2.05)	0.875*** (4.08)	2.328** (2.32)	0.738*** (2.69)	3.906*** (15.69)	0.063** (2.63)	0.311*** (5.33)	2.037** (2.57)	0.341 (0.72)	3.696*** (19.62)	0.056** (2.39)	0.311*** (3.26)	2.669*** (3.27)
Fixed effect	IYR	IYR	IYR	IYR	IYR	IYR	IYR	IYR	IYR	IYR	IYR	IYR	IYR	IYR	IYR
N	6516	6516	6516	6516	6516	6516	6516	6516	6516	6516	6516	6516	6516	6516	6516
Adj. R^2/Pseud R^2	0.098	0.089	0.026	0.061	0.713	0.103	0.082	0.026	0.063	0.719	0.116	0.081	0.025	0.063	0.700

注: 括号内为 t 值, * 表示 $p < 0.10$, ** 表示 $p < 0.05$, *** 表示 $p < 0.01$。回归中按照 Gvkey 进行了 Cluster by firm 的处理。

（*Big*4）、第一大股东持股比例（*Top*1）、主要往来银行是否在中国境内（*Ser-viceBank_Ch*）。这些匹配变量会同时影响会计年度模式选择和审计效率、效果。我们用这些公司特征来估计倾向分值并运用最邻近方法（nearest neighbor matching），根据两组间 p 值的相近度进行 1∶1 的样本匹配。由表 7.6 可知，针对自由选择会计年度起讫日期客户的审计效率显著更高，但是这类被出具非标意见的概率更大，因而本章主回归所得到的结论是稳健的。

表 7.6　　　　会计年度模式选择与审计效率和效果：PSM 样本检验

Dep. Var =	*AuditDelay*	*AuditFee*	*AuditType*	*Big*4
	（1）	（2）	（3）	（4）
Treat = 1	− 0. 075 *** （− 2. 68）	0. 002 （0. 22）	− 0. 009 ** （− 2. 26）	− 0. 023 （− 1. 21）
Size	0. 036 *** （3. 93）	0. 268 *** （6. 98）	0. 020 *** （6. 32）	0. 066 *** （5. 01）
Lev	0. 110 * （1. 87）	0. 267 ** （1. 77）	− 0. 213 *** （− 2. 69）	0. 094 * （1. 76）
*Mismatch_*12	0. 007 ** （2. 30）	0. 030 *** （2. 76）	0. 004 ** （2. 16）	− 0. 013 （− 1. 58）
Roa	− 1. 336 *** （− 6. 39）	0. 152 （0. 56）	1. 036 *** （4. 11）	− 0. 032 *** （− 2. 62）
TaxHaven	0. 056 * （1. 68）	− 0. 052 *** （− 3. 03）	− 0. 075 ** （− 2. 11）	0. 012 *** （2. 58）
*Big*4	0. 092 （1. 28）	0. 634 *** （6. 96）	− 0. 023 * （− 1. 83）	
Mainboard	0. 013 （3. 26）	0. 121 （1. 03）	− 0. 062 ** （− 2. 41）	0. 050 *** （2. 63）
ServiceBank_Ch	0. 693 * （1. 90）	0. 336 （0. 83）	− 0. 398 （− 1. 23）	0. 115 ** （2. 39）
Constant	1. 615 ** （2. 06）	1. 063 *** （6. 59）	0. 210 （0. 60）	− 1. 239 *** （− 3. 77）

续表

Dep. Var =	*AuditDelay*	*AuditFee*	*AuditType*	*Big4*
	(1)	(2)	(3)	(4)
Fixed effect	IYR	IYR	IYR	IYR
Cluster at firm	Yes	Yes	Yes	Yes
N	632	632	632	632
Adj. R^2/Pseud R^2	0.085	0.023	0.062	0.727

注：括号内为 t 值，∗ 表示 p<0.10，∗∗ 表示 p<0.05，∗∗∗ 表示 p<0.01。回归中按照 Gvkey 进行了 Cluster by firm 的处理。

7.6　本章小结

　　本章承继第六章对于财务报告呈报质量的实证研究，进一步在自由起讫日期环境下考察会计年度模式的选择对审计效率和效果的影响。基于本章的经验证据，我们研究发现以下两方面结论：一方面，如果上市公司放弃了历年制会计年度，的确可以缩短审计工作时滞，即提升审计工作效率。尤其当我们在控制了会计年度和经营周期契合程度后发现，自由选择其他会计年度的公司样本的审计效率显著高于契合上市地财政预算年度的样本公司以及坚持历年制会计年度的样本公司。另一方面，我们也发现自由选择其他会计年度的样本公司虽然帮助审计师事务所节约了工作时间，但是审计收费和审计质量却无异于另两类样本公司。由此可知，自由选择会计年度起讫日期的制度安排的确有助于会计师事务所提高业务拓展效率，但对降低企业的审计成本以及提高审计质量却没有实质性的帮助。只有合理调配社会优质审计资源，才能发挥审计人员的正向主观能动性，在确保审计质量的前提下提高审计师事务所的业务效率以及业务收费。我们控制潜在自选择问题，并对样本进行倾向分值匹配后，本章的主要发现依然稳健存在。

第 8 章

我国上市公司会计年度
模式的路径选择

8.1 引 言

　　本书开篇即明确研究定位,期冀成为对中国上市公司会计年度问题的发展模式做出科学建议的对策性研究。事实上,上市公司会计年度模式的路径选择是一个复杂的多属性问题:一方面,评价指标具有一定的层次结构且难以准确确定;另一方面,需要科学的评价方法支撑评价结果,只有这样才可以有针对性地分析评价结果,进一步提高对策的全局性和合理性。

　　对不同模式的会计年度进行比较势必会受多种因素的影响,如何建立起科学的对策评价指标体系是会计年度模式变革可行性研究的首要问题。到底是坚持高度统一的历年制会计年度,还是全盘采用西方可自由选择的跨年制会计年度,抑或是选择两者的结合模式——可自由选择的历年制会计年度、高度统一的跨年制会计年度?本书拟建立科学的方法体系对会计年度模式评价工作开展实证研究,以服务于会计年度模式评价工作。本章综合本书前七章的研究结论,结合受访理论研究人员的建议和意见,将层次分析法(AHP)和熵权法①综合应用确定指标的优化组合权重,进而对八种基本会计年度模式进行

---

　　① 利用信息熵挖掘原始数据本身蕴含的信息,并据此确定指标权重,能使评价结果更具客观性,减少人为因素干扰。因此,本书将熵权法作为层次分析法的重要补充。

综合评价和排序。

8.2　研究方法与路径

传统的层次分析法评价结果可能由于人为主观因素形成偏差，而作为客观赋权的熵权法，有效地弥补了这一不足。因此，本章将根据信息熵评价所获信息的有序度及其效用，利用信息熵计算指标的熵权，对层次分析法确定的指标权重进行修正。我们期望综合应用两种方法确定指标的优化组合权重，从而得出客观、符合实际需要的评价结果。

8.2.1　层次分析法赋权

层次分析法（AHP）是萨蒂（1970）提出的解决多目标复杂问题的定性和定量相结合，系统化、层次化的系统决策分析方法。其将分散的咨询意见模型化、集中化和数量化，在目标结构复杂且缺乏必要的数据情况下尤为实用。采用和积法主要原理如下。

8.2.1.1　构造成对判断矩阵

现有 m 个待评项目，n 个评价指标，形成原始数据矩阵 $R = (r_{ij}) m \times n$：

$$A = \begin{bmatrix} \alpha_{11} & \alpha_{12} & \cdots & \alpha_{1i} \\ \alpha_{21} & \alpha_{22} & \cdots & \alpha_{11} \\ \cdots & \cdots & \cdots & \cdots \\ \alpha_{m1} & \alpha_{m2} & \cdots & \alpha_{mn} \end{bmatrix} \tag{8.1}$$

对指标重要性进行两两逐对比较，即对每一对指标（表示为 G_i 和 G_j），判断哪一个重要以及相对重要程度的高低，再按位于 $[1, 9]$ 区间的萨蒂比例标度对重要性程度赋值 α_{ij}（$i = 1, 2, \cdots, n$），标度方法如表 8.1 所示。

表 8.1   萨蒂标度

标度	定性结果	定量结果
1	表示两个因素相比，具有相同重要性	$R_i : R_j = 1 : 1$
3	表示两个因素相比，前者比后者稍重要	$R_i : R_j = 3 : 1$
5	表示两个因素相比，前者比后者明显重要	$R_i : R_j = 5 : 1$
7	表示两个因素相比，前者比后者强烈重要	$R_i : R_j = 7 : 1$
9	表示两个因素相比，前者比后者极端重要	$R_i : R_j = 9 : 1$
2，4，6，8	表示上述两个因素相邻判断的中间值	$R_i : R_j = 2,4,6,8 : 1$
倒数	若因素 i 与因素 j 的重要性比值（$R_i : R_j$）为 α_{ij}，则因素 j 与因素 i 的重要性比值（$R_j : R_i$）为 $\alpha_{ji} = 1/\alpha_{ij}$	$R_i : R_j = 1 : 1, 2, \cdots, 9$

8.2.1.2 成对判断矩阵标准化

根据判断矩阵，计算某一准则下各因素的相对权重进而构造权重向量。为了计算相对权重，本书采用特征根法计算判断矩阵每一行元素的乘积，计算 Mi 的 n 次方根（$i = 1,2,\cdots,n$）。对向量 v 规范化计算得出权重 w 计算矩阵的最大特征根层次单排序及其一致性检验判断矩阵应大体上满足一致性。判断矩阵 A 对应于最大特征值 $\lambda_{\max}$ 的特征向量 W，经归一化后即为同一层次相应因素对于上一层次某因素相对重要性的排序权值，这一过程称为层次单排序。

$$\overline{\alpha_{ij}} = \frac{\alpha_{ij}}{\sum\limits_{k=1}^{n} \alpha_{kj}} \quad (i,j = 1,2,\cdots,n) \qquad (8.2)$$

上述构造成对比较判断矩阵的办法虽能减少其他因素的干扰，较客观地反映出一对因子影响力的差别。但综合全部比较结果时，其中难免包含一定程度的非一致性。如果比较结果是前后完全一致的，则矩阵 A 的元素还应当满足：

$$a_{ij} a_{jk} = a_{ik}, \quad \forall i,j,k = 1,2,\cdots,n \qquad (8.3)$$

8.2.1.3　将标准化的矩阵按行相加，并对权重矩阵 $\overline{W} = (\overline{W}_1, \overline{W}_2, \cdots, \overline{W}_n)$ 标准化

$$\overline{W}_i = \sum_{j=1}^{n} \overline{\alpha}_{ij} \ (i = 1, 2, \cdots, n) \tag{8.4}$$

得到评价指标权重，其向量表达式为：$\overline{W} = (\overline{W}_1, \overline{W}_2, \cdots, \overline{W}_n)$，即成对判断矩阵的层次单排序结果。

$$W_i = \frac{\overline{W}_i}{\sum\limits_{j=1}^{n} \overline{W}_j} \ (i = 1, 2, \cdots, n) \tag{8.5}$$

成对判断矩阵是计算指标权重的基础和依据，但只有当成对判断矩阵具有一致性时，才能保证计算的合理性。由于对复杂指标采用两两比较的方法获得的重要性比值不可能做到完全一致，往往存在估计误差，因此，有必要知道误差的程度到底有多大。我们在理论上已经证明：对于具有一致性的成对判断矩阵，最大特征值为 n；反之如果一个成对判断矩阵的最大特征值为 n，则一定具有一致性。估计误差的存在破坏了一致性，必然导致特征向量及特征值存在偏差。我们用 $\lambda_{\max}$ 表示带有偏差的最大特征值，则 $\lambda_{\max}$ 与 n 之差的大小反映了成对判断矩阵不一致的程度。考虑到因素个数的影响，一致性指标（Consistency Index）计算公式为：

$$CI = \frac{\lambda_{\max} - n}{n - 1} \tag{8.6}$$

当 $CI = 0$ 时，成对判断矩阵 A 完全一致，否则就存在不一致；一致性指标 CI 越大，表明成对判断矩阵不一致程度也越大。成对判断矩阵的维数越大，判断的一致性越差。为消除成对判断矩阵维数的影响，引入平均随机指标 RI（Random Index）。平均随机指标是用从 1~9 及其倒数中随机抽取的数字构造的 n 阶正互反矩阵，对 $n = 1, \cdots, 9$，RI 可用随机方法构造 500 个样本矩阵：随机地从 1~9 及其倒数中抽取数字构造正互反矩阵，求得最大特征根的平均值 $\lambda'_{\max}$，并利用式（8.7）定义 RI。

$$RI = \frac{\lambda'_{\max} - n}{n - 1} \tag{8.7}$$

萨蒂给出了 *RI* 的值，表 8.2 给出了 1~10 阶正互反矩阵的平均随机一致性指标。

表 8.2 平均随机一致性指标 ***RI***

N	1	2	3	4	5	6	7	8	9	10
RI	0	0	0.58	0.9	1.12	1.34	1.32	1.41	1.45	1.49

把 *CI* 与 *RI* 之比定义为一致性比率 *CR*，如式（8.8）所示。当 *CR* < 0.1 时，认为该矩阵具有满意的一致性，可以接受。当 *CR* ≥ 0.1 时，应对判断矩阵作适当修正，直至符合检验条件。

$$CR = \frac{CI}{RI} \tag{8.8}$$

8.2.2　熵权法赋权

层次分析法评价结果可能由于人为主观因素形成偏差，而作为客观赋权的熵权法，有效地弥补了这一不足。这种方法的基本原理为，利用信息熵来反映评价系统的一致性，即对系统不确定性认知所需的信息量，可以被用来消除不确定性的多少来度量。故在实践中，根据信息熵评价所获信息的有序度及其效用，利用信息熵计算指标的熵权，对层次分析法确定的指标权重进行调整，从而得出客观、符合实际需要的评价结果。指标的信息效用价值取决于该指标熵值与 1 的差，则指标的熵权计算步骤如下。

现有 m 个待评项目，n 个评价指标，形成原始数据矩阵 $R = (r_{ij})m \times n$：

$$A = \begin{bmatrix} \alpha_{11} & \alpha_{12} & \cdots & \alpha_{1i} \\ \alpha_{21} & \alpha_{22} & \cdots & \alpha_{11} \\ \cdots & \cdots & \cdots & \cdots \\ \alpha_{m1} & \alpha_{m2} & \cdots & \alpha_{mn} \end{bmatrix} \tag{8.9}$$

其中，r_{ij} 为第 j 个指标下第 i 个项目的评价值。对于某一评价指标，信息熵为：

$$e_j = -k \sum_{i=1}^{m} r_{ij} \times 1np_{ij} \ (i = 1, 2, \cdots, m; \ j = 1, 2, \cdots, n) \quad (8.10)$$

式中，$p_{ij} = r_{ij}/\sum_{i=1}^{m} r_{ij}$，$k = 1/1nm$。

根据熵权法的基本原理，指标的效用价值取决于该指标熵值与 1 的差，则指标的熵权为：

$$w_j = (1 - e_j)/\sum_{j=1}^{n} (1 - e_j) \ (j = 1, 2, \cdots, n) \quad (8.11)$$

于是，得到评价指标的熵权向量：$w = (w_1, w_2, \cdots, w_n)$

8.2.3　层次分析和熵权的组合权重

兼顾层次分析法和熵权法的优缺点，取二者之所长，将层次分析法和熵权法相结合得到评价指标的组合权重：

$$\overline{w} = \left\{ \frac{W_1 \omega_1}{\sum_{j=1}^{n} W_j \omega_j}, \ \frac{W_2 \omega_2}{\sum_{j=1}^{n} W_j \omega_j}, \ \cdots, \ \frac{W_n \omega_n}{\sum_{j=1}^{n} W_j \omega_j} \right\} = (\overline{\omega_1}, \overline{\omega_2}, \cdots, \overline{\omega_n}) \quad (8.12)$$

$$\text{S. t. } \sum_{j=1}^{n} \omega_j = 1; \ \overline{\omega_j} \geqslant 0$$

显然，组合权重 W_j 和 ω_j 都应尽可能相近，根据最小相对信息熵原理，有

$$\min F = \sum_{j=1}^{n} \overline{\omega_j}(1n \, \overline{\omega_j} - 1nW_j) + \sum_{j=1}^{n} \overline{\omega_j}(1n \, \overline{\omega_j} - 1n\omega_j) \quad (8.13)$$

用拉格朗日乘数法解上述优化问题，得到优化组合权重为：

$$\overline{\omega} = \left\{ \frac{(W_1 \omega_1)^{0.5}}{\sum_{j=1}^{n} (W_j \omega_j)^{0.5}}, \ \frac{(W_2 \omega_2)^{0.5}}{\sum_{j=1}^{n} (W_j \omega_j)^{0.5}}, \ \cdots, \ \frac{(W_n \omega_n)^{0.5}}{\sum_{j=1}^{n} (W_j \omega_j)^{0.5}} \right\}$$

$$= (\overline{\omega_1}, \overline{\omega_2}, \cdots, \overline{\omega_n}) \quad (8.14)$$

将上式得到的优化组合权重，代入式（8.15），即得 m 个待评项目的评价得分结果：

$$Score = R^* \overline{\omega} \ (i = 1, 2, \cdots, m; \ j = 1, 2, \cdots, n) \quad (8.15)$$

式（8.15）中 $\overline{\omega}$ 为优化组合权重，R^* 为不同类型的会计年度模式评价

指标经同度量处理后的指标值矩阵。

8.3 会计年度模式的评价指标体系的构建

8.3.1 数据来源及指标同度量处理

我们按照"逻辑性、科学性、可操作性和合理性"指标体系的顺序，围绕会计年度国际趋同的可行性，邀请来自财政部门、税务部门以及统计部门的 8 名受访干部，以及在京高校、上市企业财务研究院所的 5 名财会理论研究者论证并确定中国上市公司会计分期改革的评估指标体系中各种因素的权重以及单因素评价矩阵的具体值。为确保八类不同会计年度模式的单因素评价矩阵取值的客观性，我们向参与评分的专家展示了本书问卷调查统计结果和个别访谈原始资料，并介绍了准自然实验和实证研究的结果。按照政策方案可行性评价的基本原则，本次我们将针对政策制定者和研究人员的座谈工作分解为论证准备、实施、结束三个阶段，共计包含 4 项基本步骤，依次为明确论证对象及相关信息、制订论证计划、筹集与准备论证资源、论证特定方案的可行性。鉴于评价指标体系量纲以及指标性质等差异的存在，我们对专家讨论所得的评价指标体系做同度量处理，使每项评价指标正向化且具有正向可比性。

8.3.2 会计年度模式的综合评价指标体系及权重

8.3.2.1 会计年度模式的综合评价指标体系构建

通过对受访政策制定者和研究人员的意见和建议进行归纳，确定三类评价体系所需信息——必要性、可能性、可行性。受访人士一致认为这三类指标可以基本涵盖中国企业会计年度政策评价的所需信息。

我们又将三类指标细化为三个层次（目标层、准则层和指标层）共25项指标的八类基本会计年度模式的评价指标体系层次结构。其中，可行性目标层对应的准则层包括政治层面、经济层面、技术层面、社会层面4个方面，而指标层则包含25项评价指标。考虑到评价指标体系量纲以及指标性质（正向指标、逆向指标和适度指标）等差异的存在，我们对评价指标体系做同度量处理，使每项评价指标正向化，且具有正向可比性。具体层次结构如表8.3所示。

表8.3 中国会计年度国际趋同的可行性论证指标体系及专家评分

目标层	准则层			指标层
适当性（30）	会计年度起讫日期的国际趋同与会计发展目标的契合程度（X_1）			是否契合会计基本前提的属性（X_{11}）
				是否有助于完善我国财务报告基本功能（X_{12}）
				是否合乎财务会计目标（X_{13}）
				是否有助于提升会计信息质量（X_{14}）
可能性（20）	在当前的条件下，会计年度起讫日期的国际趋同选择是否具有发生、运行和持续的基本条件（X_2）			是否具有可借鉴的示范（X_{21}）
				是否具有制度设计限制（X_{22}）
				是否进行了试点性测验（X_{23}）
可行性（50）	政治层面（X_3）	能够得到顶层设计者的认可，符合宪法精神和相关法原则，并得到行政执行层的支持		是否能够得到执政党和中央政府的认可（X_{31}）
				是否符合宪法精神，即对利益相关者的利益重分配是否符合公平公正原则（X_{32}）
				是否有助于提升宏观经济管理的效率和效果（X_{33}）
				行政部门在执行能力方面是否能够给予支持（X_{34}）
	经济层面（X_4）	政策能够得到利益相关者和公正第三方的认可	财务报告呈报者（10）	是否有助于年度结算的工作安排（X_{41}）
				是否有助于内部管理效率提升（X_{42}）
				是否有助于对外信息披露质量的提高（X_{43}）
			财务报告审计方（5）	是否有助于年度审计的工作安排（X_{44}）
				是否有助于提升审计质量（X_{45}）
				是否有助于审计师事务所的发展（X_{46}）

目标层	准则层		指标层	
可行性（50）	经济层面（X₄）	政策能够得到利益相关者和公正第三方的认可	财务报告外部使用者的意愿（10）	是否有助于投资者的信息使用（X₄₇）
				是否有助于债权人的信息使用（X₄₈）
				是否有助于宏观经济管理机构的信息使用（X₄₉）
				公正第三方的评分（X₅₀）
	技术和社会层面（X₅）	实现变革在技术水平上的可行性	本国信息化技术手段和方法的发展水平是否能够给予支持（X₅₁）	
			会计信息转轨的安全性（统一历年制会计年度不记分）（X₅₂）	
			转轨成本的匡算（统一历年制会计年度不记分）（X₅₃）	
		社会对政策方案的认同和支持的可能性	传统文化习俗与会计年度国际趋同的兼容性（X₅₄）	

8.3.2.2　会计年度模式的综合评价指标权重测算

（1）层次分析法赋权。

首先根据萨蒂比例标度以及专家对表 8.3 中的指标重要性进行的两两比较结果，我们可以构造成对判断矩阵，并计算矩阵最大特征值及特征向量，采用一致性比率指标检验成对判断矩阵的一致性。排序情况和一致性检验结果如表 8.4 所示。

表 8.4　会计年度模式的综合评价指标的层次单排序及一致性检验

目标/准则层		指标层		λ_{max}	CI	RI	CR
类别	权重	类别	权重				
适当性（X₁₁~X₁₄）	0.160	X₁₁	0.355	4.512	0.171	0.900	0.190
		X₁₂	0.183				
		X₁₃	0.176				
		X₁₄	0.287				

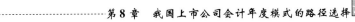

续表

目标/准则层		指标层		λ_{max}	CI	RI	CR
类别	权重	类别	权重				
可能性（$X_{21} \sim X_{23}$）	0.118	X_{21}	0.128	3.323	0.162	0.580	0.278
		X_{22}	0.531				
		X_{23}	0.341				
可行性（$X_{31} \sim X_{54}$）	0.166	X_{31}	0.332	4.091	0.030	0.900	0.034
		X_{32}	0.369				
		X_{33}	0.192				
		X_{34}	0.107				
	0.352	X_{41}	0.076	10.031	0.003	1.490	0.002
		X_{42}	0.113				
		X_{43}	0.082				
		X_{44}	0.111				
		X_{45}	0.133				
		X_{46}	0.107				
		X_{47}	0.124				
		X_{48}	0.101				
		X_{49}	0.102				
		X_{50}	0.053				
	0.204	X_{51}	0.131	4.106	0.035	0.900	0.039
		X_{52}	0.314				
		X_{53}	0.118				
		X_{54}	0.437				

由表8.4可知，准则层中适当性（$X_{11} \sim X_{14}$）、可能性（$X_{21} \sim X_{23}$）、可行性（$X_{31} \sim X_{54}$）的层次分析法权重分别为0.160、0.118、0.166，同时各层成对判断矩阵排序都满足$CR<0.1$标准，通过了一致性检验，表明各层次成对判断矩阵具有满意一致性。

$$CR = \frac{(0.160 \times 0.171 + 0.118 \times 0.162 + 0.166 \times 0.030 + 0.352 \times 0.003 + 0.204 \times 0.035)}{(0.160 \times 0.900 + 0.118 \times 0.580 + 0.166 \times 0.900 + 0.352 \times 1.490 + 0.900 \times 0.035)}$$

$$= 0.056$$

在单排序的基础上，我们进一步进行层次总排序及归属于总排序的一致性测试。沿层次递阶层次结构由上而下逐层计算，并以上一层次的权重对总排序一致性检验进行调整。总排序一致性比率指标计算如下：由于 CR 的取值小于一致性判定的临界值 0.1。所以可以得出阶段性结论，即在没有重新调整那些一致性比率高的成对判断矩阵的元素取值基础上，本章指标体系的层次总排序顺利通过一致性检验。经过层次单排序及一致性检验和层次总排序及一致性检验，可得会计年度模式评价指标的层次分析法权重：

$$W = (0.057, 0.029, 0.028, 0.046, 0.015, 0.063, 0.040,$$
$$0.055, 0.061, 0.032, 0.018, 0.027, 0.040, 0.029,$$
$$0.039, 0.047, 0.038, 0.044, 0.035, 0.036, 0.019,$$
$$0.027, 0.064, 0.024, 0.089)$$

（2）熵权法赋权及组合权重的修正。

为修正人为主观因素形成的偏差，我们根据信息熵评价所获信息的有序度及其效用计算评价指标的熵权，进而对层次分析法确定的主观权重进行调整，从而得出客观的、符合实际需要的评价结果，可得会计年度模式评价指标的熵权法权重：

$$\omega = (0.032, 0.055, 0.080, 0.034, 0.045, 0.033, 0.048,$$
$$0.044, 0.066, 0.043, 0.041, 0.099, 0.043, 0.000,$$
$$0.051, 0.043, 0.028, 0.041, 0.025, 0.050, 0.064,$$
$$0.035)$$

充分考虑专家的知识、经验、决策者的意见和评价工作的实际需要，结合评价指标原始数据本身所蕴含的信息量，将层次分析法和熵权法综合应用确定评价指标的组合权重，能使评价结果更具客观性，减少人为因素的干扰。同时，根据最小相对信息熵原理，利用拉格朗日乘数法计算会计年度模式评价指标的优化组合权重：

$$\overline{\omega} = (0.059, \ 0.031, \ 0.030, \ 0.045, \ 0.015, \ 0.060, \ 0.042,$$
$$0.057, \ 0.062, \ 0.032, \ 0.018, \ 0.028, \ 0.042, \ 0.029,$$
$$0.039, \ 0.047, \ 0.037, \ 0.044, \ 0.035, \ 0.038, \ 0.019,$$
$$0.026, \ 0.064, \ 0.024, \ 0.093)$$

8.3.3　会计年度模式的综合评价得分与方案优选

在本章所研究的八种会计年度模式的评价指标，我们将优化组合权重及经同度量处理的评价指标代入式（8.9），即得 8 个待评项目总得分，结果见表 8.5。

表 8.5　　　　　　　会计年度模式的综合评价总得分

会计年度模式	总得分	总得分排名
高度统一且契合财政年度的跨年制会计年度模式	89.55	1
高度统一且契合财政年度的历年制会计年度模式	81.82	3
高度统一且脱离财政年度的跨年制会计年度模式	80.18	5
高度统一且脱离财政年度的历年制会计年度模式	76.24	7
自由选择且契合财政年度的跨年制会计年度模式	86.08	2
自由选择且契合财政年度的历年制会计年度模式	80.27	4
自由选择且脱离财政年度的跨年制会计年度模式	80.01	6
自由选择且脱离财政年度的历年制会计年度模式	75.69	8

根据表 8.5 所示的评价结果指向，八类会计年度模式的平均水平总得分为 81.23，高于平均水平的会计年度模式依次是高度统一且契合财政年度的跨年制会计年度模式（89.55）、自由选择且契合财政年度的跨年制会计年度模式（86.08）、高度统一且契合财政年度的历年制会计年度模式（81.82）；低于平均水平的会计年度模式依次是自由选择且契合财政年度的历年制会计年度模式（80.27）、高度统一且脱离财政年度的跨年制会计年度模式（80.18）、自由选择且脱离财政年度的跨年制会计年度模式（80.01）、高度统一且脱离

财政年度的历年制会计年度模式（76.24）、自由选择且脱离财政年度的历年制会计年度模式（75.69）。这表明专家对会计年度模式的认知与当前我国正在采用的高度统一且契合财政年度的历年制会计年度模式仍有一定差距，集中反映在是否采用历年制上。

8.4 本 章 小 结

在会计年度起讫日期存在国际趋同呼声的背景下，最为主要的内容应当是评价依据和各项评价指标的权重。结合该问题的特殊性和综合性，本章运用层次分析法和熵权法相结合的优化组合权重对会计年度模式进行比较式研究。我们将专家经验与定量计算相结合，通过建立因子集、评价集、隶属函数和权重集来实现主观判断与定量分析相结合的方式计算指标因素的权重，进而科学地解决评价中内容的模糊性和范围的不确定性问题，提高评价的科学性、系统性和可操作性。对会计年度模式进行比较和评价时，可以采用加权递阶层次结构表示，即构建会计年度模式的评价指标体系。首先，设计一个指标用于衡量决策因素间的支配程度，并给出了决策问题可转换为递阶层次结构的两个前提条件。其次，在最大程度保留决策因素支配关系的基础上，将评价问题转化为递阶层次结构。最后，利用各决策指标的权重，应用模糊评价方法建立专家评估后的得分矩阵，从而对会计年度模式进行评价和排序。

组合方法所得到的综合指数得出的结果客观地对八种基本会计年度模式进行排序。结果表明，理想的会计分期优序选择依次为：高度统一且契合财政年度的跨年制会计年度模式、自由选择且契合财政年度的跨年制会计年度模式、高度统一且契合财政年度的历年制会计年度模式、自由选择且契合财政年度的历年制会计年度模式、高度统一且脱离财政年度的跨年制会计年度模式、自由选择且脱离财政年度的跨年制会计年度模式、高度统一且脱离财政年度的历年制会计年度模式、自由选择且脱离财政年度的历年制会计年度模式。评价体系的建立和评价结果的启示对中国会计年度模式的优化路径构建具有重要的引导作用。

第 9 章

结　语

9.1　全书总结

本书梳理了会计年度起讫日期相关规定的中外差异以及历史演进，对当前的统一会计年度和部分学者呼吁的多元化会计年度改革进行对比和评价，以期为监管者提供政策启示。

第一，在哲学社会科学体系中，"假设"是理论存在和发展的基石，源于对已知的理解而抽象于实际。然而，会计理论的假设体系却源于报告主体在正常运行的过程中存在诸多对未经确切认识或无法正面讨论的经济事物和会计现象，会计人员根据客观的正常情况或趋势所作出的合乎事理的推断。由于受实用主义的影响，会计学者对会计假设的表述存在局限性。随着时代的变迁，学者们发现会计基本前提之间的哲学逻辑关系存在断裂的迹象，我们从源头进行了梳理和辨析：一方面，我们从财务报告基本功能、财务会计目标以及会计信息质量体系三个层面对中外会计年度模式的对比和评价确立了基准，指出财务报告"通用性"的特点要求准则制定机构正视"我们希望财务报表应该起什么作用"以及"财务报表能够起到什么作用"的辩证关系。特别地，当前的改革呼声主要源自注册会计师行业，其仅为财务呈报和适用链条上的第三方。因此，立法者和准则制定机构应坚持从反映企业财务状况和经营成果的财务报告工作本质出发，而非刻意迎合所有利益相关者的动机。另一方面，我们从会计制度弹性出发研究了会计分期规则范式，旨在从更宽阔视角阐述会计目标、会计假设、会计原则和会计年度模式选择自主权之间的逻辑关联，基于一般化和特性化的辩证关系，深入探究我国一直以来对企业会计年度进行统一规范的理论基础。

第二，通过对世界主要国家和地区的法定会计年度起讫日期进行归纳和梳理，我们按照是否受政府严格管制、是否契合财政预算年度以及是否等同于公历年度，总结出八种基本会计年度模式。其中，我国目前采用的是高度统一且契合财政年度的历年制会计年度模式（Uni‒Fin‒Can），尤其是高度统一特征使境内企业会计呈报模式与世界主要经济体之间存在较大差异。与西方主要发达国家和地区相比，我国的法定会计年度起讫日期具有两方面的特点：其一，西方主要发达国家和地区的法定起讫日期多为以四月末或十月末为截止日期的"跨年制"，这种制度设计基本契合这些经济体的宏观经济运行和管理的长期历史习惯；其二，从世界各国的政策制定和具体事实来看，受各自国情、历史文化、经济特点的影响，多数国家和地区设立了指导性会计年度供财务报告呈报方选择使用。虽然各国政府大都规定了自己国家会计年度的起讫日期，但公司或企业在实际运用过程中，则是根据企业的实际经营周期、行业特点、经营状况和收付习惯，灵活地选择会计年度起讫日期。相比之下，我国会计法和会计准则对历年制进行了强制性规范，不允许企业自由选择。

第三，为获取实务界和理论界关于我国统一会计年度起讫日期运用现状的评价和看法，及其对自由会计年度起讫日期改革的展望和预期，我们综合采用问卷调查和个别访谈的形式，对包括财务报告呈报方、财务报告审计方、财务报告外部使用方进行调查研究。最值得关注的结论有两方面：一方面，被调查的财务报告审计者普遍认为集中审计压力的负面影响要大于财务报告披露不及时的负面影响，而被调查的财务报告呈报者中只有较小比例认为年报集中披露和集中审计会造成显著的负面作用，相反更关注财务报告披露及时性；另一方面，高度统一的历年制会计年度对财务报告审计方的影响较大，与来自财务报告呈报者的调研结果存在明显差异。多数被调查的财务报告呈报者并不认为高度统一且契合财政年度的会计年度模式对企业造成了不可接受的负面冲击，而恰恰是历年制安排迫使春节长假打断了年报的准备期间而降低了会计信息的及时性。相比之下，财务报告审计者普遍认为集中审计确实在一定程度上增加了审计人员的工作负荷和企业财务报告的复核难度并使得质量标准降低，但并不会导致审计工作出错可能性加大，更不会导致关键审计程序无法执行。

第四，我们通过对赴港/海外上市的中资民营企业行为的档案研究，发现即便处于自由起讫日期环境，还是有很大一部分的赴港/海外上市的中资民营企业采用了公历会计年度。本书利用中资民营企业单纯赴港/海外上市的准自然实验，实证检验自由起讫日期环境下的财务报告呈报方将如何做出适合自己的会计年度抉择依据。我们发现即便给予单纯赴港/海外上市的中国内地民营公司自由选择起讫日期的权利，但总体上过半的样本公司仍然倾向于保持既有的历年制不变；如果营业周期的低谷适逢政府指导性会计年度的起讫日期，则赴港/海外上市的中资民营企业更愿意采用政府指导性会计年度；相比规模较小的中资民营企业而言，规模较大的样本企业更愿意采用政府指导性会计年度；相比注册地位于境外的样本企业，注册地仍在中国的中资民营企业更愿意坚持历年制会计年度；随着文化距离的拉长，单纯赴港/海外上市企业坚持历年制会计年度的意愿减弱，契合上市所在地政府财政年度的动机增强。

第五，我们进一步在自由起讫日期环境下考察单纯赴港/海外上市的中资民营企业所选择的会计年度模式对财务报告呈报方和审计方各有何影响。一方面，我们发现契合上市地财政预算年度的样本公司有着更高的财务呈报质量，坚持历年制会计年度的样本公司次之，自由选择其他会计年度的样本公司最差。说明即便赋予企业自由选择会计年度起讫日期的权利，企业也未必能够根据自身实际情况选择合适的起讫日期以提升财务报告的质量。另一方面，我们发现自由选择其他会计年度的公司样本的审计效率显著高于契合上市地财政预算年度的样本公司和坚持历年制会计年度的样本公司，然而这些自由选择其他会计年度的样本公司的审计收费和审计质量却无异于另两类样本公司。这说明自由选择会计年度起讫日期的制度安排的确有助于会计师事务所提高业务拓展效率，但对降低财务呈报者的审计成本以及提高审计质量却没有实质性的帮助。

第六，我们运用层次分析法和熵权法相结合的优化组合权重对我国上市公司会计分期的八种可能模式进行比较式研究，所设计的评价指标体系科学地优化组合了两类评价方法的权重，评价结果指向较为客观。结果表明，理想的会计分期优序选择依次为：高度统一且契合财政年度的跨年制会计年度模式、自由选择且契合财政年度的跨年制会计年度模式、高度统一且契合财政年度的历年制会计年度模式、自由选择且契合财政年度的历年制会计年度模式、高度统一且脱离财政年度的跨年制会计年度模式、自由选择且脱离财政年度的跨年制会计年度模式、高度统一且脱离财政年度的历年制会计年度模式、自由选择且脱离财政年度的历年制会计年度模式，这说明在我国特殊的社会主义市场经济体制下，高度统一且契合财政年度的会计年度模式是符合国情的。但是，考虑到我国特殊的民俗节日以及我国财政年度起讫日期的改革趋势，历年制会计模式适宜向财政年度改革趋势贴近。

9.2　政　策　建　议

作为基本的会计假设之一，会计制度及会计信息质量的优化非一日之功。最优会计年度起讫日期应当是综合准则适用者的经济经营周期以寻求一个最优结算时点，这是理论上应选取的会计年度。与西方资本主义国家相比，我国的政治经济环境比较特殊，这就决定了中国不能照搬照抄国外的会计年度模式，只能对其科学"内核"进行有甄别性地借鉴，进而结合我国的具体情况来建立契合中国特色的会计年度起讫日期制度。

9.2.1　会计年度模式优化的总原则

其一，从国情出发并坚持鉴别权和调整权原则。当下，中国已经摸索到了一条适合中国国情的会计准则趋同之路，事实证明只要按照渐进式改革之路，坚定不移地走自己的路，就一定能维护民族经济发展的利益，顺利实现中国会计准则的健全和完善。因此，对于中国而言，其会计年度起讫日期的确定应当源自适应本土特有的会计目标、需求和前进方向。总之，我国准则制定机构必须坚持鉴别权和调整权原则，确保改革方案的稳妥性和本土适应性。

其二，坚持以财务会计的理论为决策基准。从会计发展史和会计环境现状的角度看，在评价会计分期前提是否合理的过程中，我们将其与财务报告基本功能相联系。结合本书的理论和实证分析，应当立足财务报告的基本功能，以坚持财务会计目标并持续提高会计信息质量为前提，来审视并优化会计年度的规定和管制。立法者和准则制定机构为了使会计分期具有更普适的"通用性"和"全局性"，其对法定会计年度起讫日期的遴选需要基于财务报告的理论基础、符合实际的本土背景以及科学的决策过程。

其三，坚持普遍性和特殊性相统一的原则。从普遍性原则来看，无论是调研结果还是准自然实验的结果都表明，坚持统一会计年度符合全国绝大多数财务报告呈报方的切身利益，且契合国家财政预算年度是获得选择自由权的赴港/海外上市中资民营企业的普遍选择。从特殊性原则来看，优化统一会计年度需要打破现行"一刀切"的做法，对极特殊的企业部门予以特殊规范。例如，民营教育或教育辅助为主要经营业务的企业，需要参照公立学校的学年为会计年度；以军事辅助为主要经营业务的企业，需要参照军队预算年度为会计年度；部分重点监管的行业如金融行业的会计年度，需要由监管部门进行统一规范。统一这类行业的会计年度有利于国家开展宏观调控，有利于促进同行业之间的信息沟通，并最终有利于防范和控制财政和金融风险。

9.2.2　会计年度模式的补充模式

从财务报告分析的角度来看，打通会计期间以综合分析本年及以往若干年的企业会计报表对于报告使用者更具启发性。无论如何确定会计年度起讫日期，管理层意图和主观判断都将在会计受益确定和资产计价过程中得以体现。在会计准则弹性不断放大的过程中，管理当局提供的某一会计期间的会计信息也将具有更大的不确定性。当前的准则把管理决策和财务报告混为一谈，但是在缺乏客观分期标准、必要可验证性且管理层缺乏中立立场的前提下，财务报告"如实反映"和"绝对精确"变成了政治正确、无从辩驳但也无法落实的。因此，企业仅仅依靠某一期的会计报表极难为使用者提供真正决策有用的财务信息，报告使用者孤立地看某一年的报表也具有极大的局限性。

因此在使用环节，使用者需要采用其他方式来弥补定期报告的局限性。比如，如果将连续数个会计期间的财务报表中的相同指标或比率数据进行对比并分析其增减变化情况，则企业利用会计年度分期以调节损益和资产计价的报表操纵行为则不再有效。然而，受限于财务报告呈报方仅按会计年度来披露年度报告的定期性特点，打通会计期间的分析工作往往需要报表使用者自己来完成。

实际上，为方便报表使用者的应用，准则制定机构可以在年度周期之外，鼓励企业着眼于服务报表使用者，设计更长的会计周期来综合报告以往若干年度企业长期经营状况①，即通过打通会计期间来报告财务呈报者的长期经营活动情况。打通后的会计期间可以细化为长期报告、中期报告和年度报告三类，经营状况均按计划时点进行分阶段披露，具体而言：长期报告以五年为一个周期，其目的在于与国家五年计划保持同步，更好地与国家政策相衔接；中期报告以三年为一个周期，旨在归纳前三年度经营成果并进行定期披露以服务于使用环节。

这种分阶段的补充定期报告制度实质上是一个服务于报表使用者的辅助性安排，并非对定期年度报告的替代。相反，长期报告和中期报告的目标均建立在逐年报告的基础上，进而将更长期间的经营成果进行汇总报告来服务于使用者。这种安排主要有如下两方面的优势：一方面，体现了财务报告呈报者在灵活运用会计假设上的主体作用，使得需求同规划、计划更好地融合在一起；另一方面，拓展了财务报表反映历史业绩信息的功能，将对当期的报告和对历史业绩的汇总统一起来，使得不同会计期间的结合更连贯、更紧密。

---

① 我国现在虽然也为投资者提供比较财务报表，但是仅在报出本期报表的时候同时报出去年可比同期的数据，没有对经营成果进行汇总，且没有提供更长窗口的对比。

9.2.3 配套建设的辅助路径

其一，尽快推动财政年度的改革步伐。结合本书的理论分析和实证发现，企业会计年度和国家预算年度的结合符合多数相关者的利益。如果要推动会计年度的优化进程，则要求财政预算年度也应该适时做相应的调整。结合我国财政年度的变革趋势，可将企业会计年度由现行的 1 月 1 日至 12 月 31 日改为当年 7 月 1 日至下年 6 月 30 日。这样，全国人大在 3 月份批准政府预算，基层企业事业单位也能够按照确定的指标，并制订具体的年度工作计划。其二，修改与会计年度相关的法律法规。即便在会计准则国际趋同的大环境下，我们也要意识到会计年度的持续优化不仅仅体现在准则层面，它是《会计法》《证券法》等与会计年度相关的法律法规层面改革的系统性工程，需要统筹规划。其三，加快会计信息化的进一步升级。我们通过对赴港/海外上市公司行为的档案研究，发现即便处于自由起讫日期环境，还是有很大一部分的赴港/海外上市的中资民营企业采用了公历会计年度。结合我们对来自外资公司和中外合资企业财务呈报者的调研结果，跨国经营的经济体完全可以适应结账日不同的状况，可见电子合并报表技术的成熟，也使得结账日不协调不再是难题。其四，大力培育注册会计师队伍，着力培育优质审计资源。在统一会计年度的框架下，如果拥有了足量的高质量审计师，则可以在确保提高审计质量的基础上不断提高审计效率，进而提高审计人员的幸福感。

9.3 研究局限性与未来研究方向

受限于个人理论功底的有限性、既有文献的匮乏性、实证数据可获取性和其他因素，本书存在一定的局限性，同时也提供了新的研究机会。具体的研究局限和未来展望如下。

其一，就研究目标而言，本书对多种会计年度模式的评判仅提供了一种鉴别思路，这一思路虽然已经尝试对不同会计年度模式进行多维度比较，但研究视角仍有拓展的空间，具体体现在两个方面：一方面，本书归类为对策性研究，通过对多种不同会计年度模式的理论对比和实证检验以遴选最适合我国的会计年度起讫日期，然而却难以将这种比对细化到报表层面。之后的研究可以以"解剖麻雀"为指导思想，针对财务报表项目和会计年度模式之间的关系进行细化研究，或许能够得到更有力的证据和更有用的结论。另一方面，本书还不能细致刻画会计年度模式优化过程中复杂多样的经济后果。本书的研究仅针对财务报告的生产者和直接使用者进行了研究，没有深入考察对于其他利益相关者的潜在影响。会计年度问题的经济后果是一系列经济问题的庞杂集合，不仅体现在财务报告方面，还可能体现在社会经济发展方面，综合考虑其他经济后果使得会计分期改革的路径变得更加复杂。之后的研究可以将其他利益相关者纳入考量，考察可能存在的交互影响。

其二，就研究设计而言，尽管本书综合采用了理论分析、实证检验、问卷调查和调研访谈等多种研究方法来评价当前我国统一会计年度起讫日期管制约束的合理性，但其中最能反映相关利益相关者意愿的研究方法当属其中的调查访谈研究。然而，本书调查访谈的设计仍有两方面的局限性：一方面，被调查对象的地区来源具有一定的局限性，参与调查的财务报告呈报方、审计方以及外部使用者主要集中在京津地区，并未对全国其他地区进行全面的调查；另一方面，我们并未能直接采访到高层政策制定者，而该群体最为了解政府对财政预算年度和企业会计年度未来改革的动向。之后的研究可以扩大被调查对象的地区来源，并争取对高层政策制定者进行访谈，进而对当前我国企业会计年度起讫日期改革方案这一系统性工程进行更为科学和全面的预期。

其三，本书的研究是在经济人同质的前提下进行的，忽视了公司管理层对会计年度起讫日期选择决策的影响。但现实中的经济人在信念、偏好、能力方面均存在较大差异，这可能会在一定程度上决定其对于会计年度的偏好。之后的研究可以考察公司决策层主、客体的个人特征对会计年度起讫日期选择可能存在的影响。正是由于财务报告的编制必须考虑内外部决策者个人能力与分期模式之间的适配，我们可以从行为经济学的角度扩展相关研究，考虑决策者个人能力的作用，探索会计年度起讫日期对报表使用者决策价值的影响。为达成这一点，我们未来将通过实验研究的方法讨论具有不同个人能力水平的决策者在使用不同起讫日期的财务报告时决策绩效的差异。可以预期的实验结果为，个人能力水平高的决策者在自由起讫日期环境下比统一起讫日期环境下的报表使用效率更佳；个人能力水平低的决策者在统一起讫日期环境下比自由起讫日期环境下的报表使用效率更佳。通过未来进一步的实验研究，可以帮助会计准则制定者了解如何持续优化会计分期才能使得报表使用者的阅读效用最大化。

参 考 文 献

［1］Barth M. E. : 《财务报告的全球可比性——是什么、为什么、如何做以及何时实现》，李英译，载《会计研究》2013 年第 5 期。

［2］蔡春：《论会计计量中的期间分配问题》，载《会计师》2006 年第 10 期。

［3］陈新玲：《会计法规》，清华大学出版社 2005 年版。

［4］陈工孟等：《信息不对称与盈余公告的时间选择——中国证券市场实证研究》，东北财经大学出版社 2003 年版。

［5］戴德明：《财务报告目标与公允价值计量》，载《金融会计》2012 年第 1 期。

［6］高一斌：《完善我国〈会计法〉需要研究的几个问题》，载《会计研究》1999 年第 2 期。

［7］贾成、马崇明：《论修订后〈会计法〉存在的问题》，载《当代财经》2000 年第 3 期。

［8］刘洪波：《会计期间问题及其建议》，载《财会通讯》2010 年第 6 期。

［9］贝克奥伊等：《会计理论》，上海财经大学出版社 2004 年版。

［10］李维安、唐跃军、左晶晶：《未预期盈利、非标准审计意见与年报披露的及时性》，载《管理评论》2005 年第 3 期。

［11］马贤明、邓传洲：《会计年度研究：来自实务界的证据》，载《会计研究》2005 年第 5 期。

［12］蒲海涛：《清末会计年度改革动议考》，载《中国矿业大学学报（社会科学版）》2014 年第 2 期。

［13］薛云奎：《法定会计年度，危害会计信息质量》，载《首席财务官》

2009 年第 6 期。

[14] 孔宁宁、张新民、吕娟：《营运资本管理效率对公司盈利能力的影响》，载《南开管理评论》2009 年第 6 期。

[15] 徐世琴：《公司会计年度的国际比较》，载《财会学习》2010 年第 11 期。

[16] 杨纪琬、阎达五：《开展我国会计理论研究的几点意见——兼论会计学的科学属性》，载《会计研究》1980 年第 1 期。

[17] 杨纪琬、阎达五：《论"会计管理"》，载《经济理论与经济管理》1982 年第 4 期。

[18] 张复英：《预算会计辞典》，辽宁人民出版社 1992 年版。

[19] 张华、张俊喜：《我国盈利公告效应的动态特征》，载《经济学》（季刊）2004 年第 3 期。

[20] Ahern K. R., Daminelli D., Fracassi C., Lost in Translation? The Effect of Cultural Values on Mergers around the World. *Journal of Financial Economics*, 2015, 117 (1), pp. 165 – 189.

[21] Agoglia C. P., Brazel J. F., Hatfield R. C., Jackson S. B., How do Audit Workpaper Reviewers Cope with the Conflicting Pressures of Detecting Misstatements and Balancing Client Workloads? *Auditing*: *A Journal of Practice & Theory*, 2010, 29 (2), pp. 27 – 43.

[22] Alderman C. W., Deitrick J. W., Auditors' Perceptions of Time Budget Pressures and Premature Sign-offs: A Replication and Extension. *Auditing*: *A Journal of Practice & Theory*, 1982, 1 (2), pp. 54 – 68.

[23] Algan Y., Cahuc P. Trust, Growth and Eell-being: New Evidence and Policy Implication. *Handbook of Economic Growth* 2, 2014, pp. 49 – 120.

[24] Ang J. S., Cheng Y., Wu C., Trust, Investment, and Business Contracting. *Journal of Financial and Quantitative Analysis*, 2015, 50 (3), pp. 569 – 595.

[25] Antle R., Gordon E., Narayanamoorthy G., Zhou L., The Joint Determination of Audit Fees, Non-audit Fees, and Abnormal Accruals. *Review of*

Quantitative Finance and Accounting, 2006, 27 (3), pp. 235 – 266.

[26] Arnold V. , Collier P. A. , Leech S. A. , Sutton S. G. , Impact of Intelligent Decision Aids on Expert and Novice Decision-makers' Judgments. *Accounting & Finance*, 2004, 44 (1), pp. 1 – 26.

[27] Arrow K. J. , *The Limits of Organization*. New York: W. W. Norton & Co. Inc. , 1974.

[28] Ashton R. H. , Willingham P. R. , Ellio R. K. , An Empirical Analysis of Audit Delay. *Journal of Accounting Research*, 1987 (9), pp. 275 – 292.

[29] Ball R. , Brown P. , An Empirical Evaluation of Accounting Income Numbers. *Journal of Accounting Research*, 1968, 6 (2), pp. 159 – 178.

[30] Ball R. , Kothari S. P. , Robin A. , The Effect of International Institutional Factors on Properties of Accounting Earnings. *Journal of Accounting and Economics*, 2000, 29 (1), pp. 1 – 51.

[31] Barth M. E. , Landsman W. R. , Lang M. , Williams C. , Are IFRS – based and US GAAP – based Accounting Amounts Comparable? *Journal of Accounting and Economics*, 2012, 54 (1), pp. 68 – 93.

[32] Becker C. L. , DeFond M. L. , Jiambalvo J. , Subramanyam K. R. , The Effect of Audit Quality on Earnings Management. *Contemporary Accounting Research*, 1998, 15 (1), pp. 1 – 24.

[33] Bhushan R. , Collection of Information about Publicly Traded Firms: Theory and Evidence. *Journal of Accounting and Economics*, 1989, 11 (2), pp. 183 – 206.

[34] Botosan C. A. , Disclosure Level and the Cost of Equity Capital. *The Accounting Review*, 1997, 72 (3), pp. 323 – 349.

[35] Bottazzi L. , Da Rin M. , Hellmann T. , The Importance of Trust for Investment: Evidence from Venture Capital. University Bocconi Working Paper, No. 325, 2010.

[36] Brett J. M. , Okumura T. , Inter and Intracultural Negotiations: U. S. and Japanese Negotiators. *Academy of Management Journal*, 1998, 41 (5),

pp. 495 – 510.

［37］ Brown N. C. , Gordon L. A. , Wermers R. , Herd Behavior in Voluntary Disclosure Decisions: An Examination of Capital Expenditure Forecasts. *SSRN Electronic Journal*, 2006.

［38］ Chui A. C. , Titman S. , Wei K. J. , Individualism and Momentum around the World. *Journal of Finance*, 2010, 65 (1), pp. 361 – 392.

［39］ Chen J. , Hong H. , Stein J. C. , Forecasting Crashes: Trading Volume, Past Returns, and Conditional Skewness in Stock Prices. *Journal of Financial Economics*, 2000, 61 (3), pp. 345 – 381.

［40］ Chen K. C. , Yuan H. Q. , Earnings Management and Capital Resource Allocation: Evidence from China's Accounting-based Regulation of Rights Issues. *The Accounting Review*, 2004, 79 (3), pp. 645 – 655.

［41］ Chen H. , Chen J. Z. , Lobo G. J. , Wang Y. , Effects of Audit Quality on Earnings Management and Cost of Equity Capital: Evidence from China. *Contemporary Accounting Research*, 2011 (28), pp. 892 – 925.

［42］ Cianci A. M. , Bierstaker J. L. , The Impact of Positive and Negative Mood on the Hypothesis Generation and Ethical Judgments of Auditors. *Auditing: A Journal of Practice & Theory*, 2011, 28 (2), pp. 119 – 144.

［43］ Cohen, D. A. , Dey, A. , Lys, T. Z. , Real and Accrual-based Earnings Management in the Pre-and post – Sarbanes – Oxley periods. *The Accounting Review*, 2008, 83 (3), pp. 757 – 787.

［44］ Coram P. , Ng J. , Woodliff D. R. , The Effect of Risk of Misstatement on the Propensity to Commit Reduced Audit Quality Acts Under Time Budget Pressure. *Accounting Horizons*, 2004, 23 (2), pp. 161 – 169.

［45］ Craswell A. T. , Francis J. R. , Taylor S. L. , Auditor Brand Name Reputations and Industry Specializations. *Journal of Accounting & Economics*, 1995, 20 (3), pp. 297 – 322.

［46］ Dhaliwal D. S. , Gleason C. A. , Mills L. F. , Last-chance Earnings Management: Using the Tax Expense to Meet Analysts' Forecasts. *Contemporary Ac-*

counting Research, 2004, 21 (2), pp. 431 – 459.

[47] Dechow P. M. , Dichev I. D. The Quality of Accruals and Earnings: The Role of Accrual Estimation Errors. *The Accounting Review*, 2011, 77 (1), pp. 35 – 59.

[48] Dechow P. M. , Sloan R. G. , Sweeney A. P. , Detecting Earnings Management. *The Accounting Review*, 1995, 72 (2), pp. 193 – 225.

[49] Dechow P. , Ge W. , Schrand C. , Understanding Earnings Quality: A Review of the Proxies, Their Determinants and Their Consequences. *Journal of Accounting and Economics*, 2010, 50 (2), pp. 344 – 401.

[50] Degeorge F. , Patel J. , Zeckhauser R. , Earnings Management to Exceed Thresholds. *Journal of Business*, 1999 (72), pp. 1 – 33.

[51] De Franco G. , Kothari S. P. , Verdi R. S. , The Benefits of Financial Statement Comparability. *Journal of Accounting Research*, 2011, 49 (4), pp. 895 – 931.

[52] De Zoort F. T. , Lord A. T. , A Review and Synthesis of Pressure Effects Research in Accounting. *Journal of Accounting Literature*, 1997 (16), pp. 28 – 85.

[53] Dichev I. D. , Tang V. W. , Earnings Volatility and Earnings Predictability. *Journal of Accounting and Economics*, 2009, 47 (1), pp. 160 – 181.

[54] Du K. , Zhang X. F. , Orphans Deserve Attention: Financial Reporting in the Missing Months When Corporations Change Fiscal Year. *The Accounting Review*, 2012, 88 (3), pp. 945 – 975.

[55] Erel I. , Liao R. C. , Weisbach M. S. , Determinants of Cross-border Mergers and Acquisitions. *The Journal of Finance*, 2012, 67 (3), pp. 1045 – 1082.

[56] Ferguson A. , Francis J. R. , Stokes D. J. , The Effects of Firm-wide and Office-level Industry Expertise on Audit Pricing. *The Accounting Review*, 2003, 78 (2), pp. 429 – 448.

[57] Fiske A. P. , *Structures of Social Life: The Four Elementary Forms of Human Relations*. Washington: Free Press, 1991.

［58］ Foster G. *Financial statement analysis* (2*nd ed.*). New Jersey: Pren-tice – Hall, 1986.

［59］ Francis. J. , J. Krishnan. , Accounting Accruals and Auditor Repor-ting Conservatism. *Contemporary Accounting Research*, 1999, 16 (1), pp. 135 – 165.

［60］ Fukukawa H. , Audit Pricing and Cost Strategies of Japanese Big 3 Firms. *International Journal of Auditing*, 2011, 15 (2), pp. 109 – 126.

［61］ Giannetti M. , Yafeh Y. , Do Cultural Differences between Contracting Parties Matter? Evidence from Syndicated Bank Loans. *Management Science*, 2012 (58), pp. 365 – 383.

［62］ Gorodnichenko Y. , Roland G. , Culture Institutions and the Wealth of Nations. *Review of Economics and Statistics*, 2016, 23 (3), pp. 1022 – 1056.

［63］ Grossman S. J. , Hart O. D. , The Costs and Benefits of Ownership: A Theory of Vertical and Lateral Integration. *Journal of Political Economy*, 1986, 94 (4), pp. 691 – 719.

［64］ Guiso L. , Sapienza P. , Zingales L. , Does Culture Affect Economic Outcomes? *Journal of Economic Perspectives*, 2006, 20 (2), pp. 23 – 48.

［65］ Guiso L. , Sapienza P. , Zingales L. , Trusting the Stock Market. *Journal of Finance*, 2008, 63 (6), pp. 2557 – 2600.

［66］ Guiso L. , Sapienza P. , Zingales L. , Cultural Biases in Economic Ex-change? *Quarterly Journal of Economics*, 2009, 124 (3), pp. 1095 – 1131.

［67］ Hackenbrack K. , Knechel W. R. , Resource Allocation Decisions in Audit Engagements. *Contemporary Accounting Research*, 1997, 14 (3), pp. 481 – 499.

［68］ Hart O. , *Firms, Contracts, and Financial Structure*. Oxford: Claren-don Press, 1995.

［69］ Hart, O. , Moore, J. , Property Rights and the Nature of the Firm. *Journal of Political Economy*, 1990, 98 (6), 1119 – 1158.

［70］ Healy P. M. , The Effect of Bonus Schemes on Accounting Decisions.

Journal of Accounting and Economics, 1985, 7 (1), pp. 85 – 107.

[71] Healy P. M. , Wahlen J. M. , A Review of the Earnings Management Literature and Its Implications for Standard Setting. *Accounting Horizons*, 1999, 13 (4), pp. 365 – 383.

[72] Heckman J. J. , Sample Selection Bias as a Specification Error. *Applied Econometrics*, 2013, 31 (1), pp. 129 – 137.

[73] Hofstede G. , *Culture's Consequences: International Differences in Work Related Values*. London: Sage Publications, 1980.

[74] Hofstede G. , *Culture's Consequences: Comparing Values, Behaviors, Institutions, and Organizations across Nations*. Thousand Oaks: Sage Publications, 2001.

[75] Hou Q. , Jin Q. , Yang R. , Yuan H. , Zhang G. , Performance Commitments of Controlling Shareholders and Earnings Management. *Contemporary Accounting Research*, 2015 (32), pp. 1099 – 1127.

[76] Huberman G. , Kandel S. , Firms' Fiscal Years, Size and Industry. *Economics Letters*, 1989, 29 (1), pp. 69 – 75.

[77] Hwang B. H. , Country-specific Sentiment and Security Prices. *Journal of Financial Economics*, 2011, 100 (2), pp. 382 – 401.

[78] Jones J. J. , Earnings Management during Import Relief Investigation. *Journal of Accounting Research*, 1991, 29 (2), pp. 193 – 228.

[79] Kamp B. , Fiscal Year-end Choice: Determinants and Dynamics. *International Journal of Accounting*, 2002, 37 (4), pp. 421 – 427.

[80] Kelley T. , Margheim L. , The Impact of Time Budget Pressure, Personality, and Leadership Variables on Dysfunctional Auditor Behavior. *Auditing: A Journal of Practice & Theory*, 1990. 9 (2), pp. 21 – 42.

[81] Kinney W. R. , Palmrose Z. V. , Scholz S. , Auditor Independence, Non-audit Services, and Restatements: Was the U. S. Government Right? *Journal of Accounting Research*, 2004, 42 (3), pp. 561 – 588.

[82] Knechel W. R. , Payne J. L. , Additional Evidence on Audit Report

Lag. Auditing: *A Journal of Practice & Theory*, 2001, 20 (1), pp. 137 – 146.

［83］Kothari S. P. , Leone A. J. , Wasley C. E. , Performance Matched Discretionary Accrual Measures. *Journal of Accounting and Economics*, 2005, 39 (1), pp. 163 – 197.

［84］La Porta R. , Lopez – de – Silanes F. , Shleifer A. & Vishny R. W. , Legal Determinants of External Finance. *Journal of Finance*, 1997, 52 (3), pp. 1131 – 1150.

［85］Lennox C. , Are Large Auditors more Accurate than Small Auditors? *Accounting and Business Research*, 1999, 29 (3), pp. 217 – 227.

［86］Lev B. , On the Usefulness of Earnings and Earnings Research: Lessons and Directions from Two Decades of Empirical Research. *Journal of Accounting Research*, 1989 (27), pp. 153 – 192.

［87］Lev B. , Thiagarajan S. R. , Fundamental Information Analysis. *Journal of Accounting Research*, 1993, 31 (3), pp. 190 – 215.

［88］Leventis S. , Hasan I. , Dedoulis E. , The Cost of Sin: The Effect of Social Norms on Audit Pricing. *International Review of Financial Analysis*, 2013, 29 (4), pp. 152 – 165.

［89］Littleton, A. C, Zimmerman V. K. , *Accounting Theory*, *Continuity and Change.* New Jersey: Prentice – Hall, 1962.

［90］Li Z. , Massa M. , Xu N. , Zhang H. , The Impact of Sin Culture: Evidence from Earning Management and Alcohol Consumption in China. Working Paper, No. DP11475, 2016.

［91］Lobo G. J. , Zhao Y. Relation between Audit Effort and Financial Report Misstatements: Evidence from Quarterly and Annual Restatements. *The Accounting Review*, 2013, 88 (4), pp. 1385 – 1412.

［92］López D. M. , Peters G. F. , The Effect of Workload Compression on Audit Quality. *Auditing*: *A Journal of Practice & Theory*, 2012, 31 (4), pp. 139 – 165.

［93］Lu M. , Saune N. , Shan Y. , The Choice of Fiscal Year-end in Australia. *Australian Accounting Review*, 2013, 23 (3), pp. 244 – 251.

[94] Ma X. M., Deng C. Z., Study on Fiscal Year-end: Evidence From Practitioners. *Accounting Research* (*in Chinese*), 2005 (5), pp. 54 – 57.

[95] Massa M., Zhang B., Zhang H., The Invisible Hand of Short Selling: Does Short Selling Discipline Earnings Management? *Review of Financial Studies*, 2015, 28 (6), pp. 1701 – 1736.

[96] O'Keefe T. B., Simunic D. A., Stein M. T., The Production of Audit Services: Evidence from a Major Public Accounting Firm. *Journal of Accounting Research*, 1994, 32 (2), pp. 241 – 261.

[97] Oyer P., Fiscal Year Ends and Nonlinear Incentive Contracts: The Effect on Business Seasonality. *Quarterly Journal of Economics*, 1998, 113 (1), pp. 149 – 185.

[98] Phillips J., Pincus M., Rego S. O., Earnings Management: New Evidence Based on Deferred Tax Expense. *The Accounting Review*, 2003, 78 (2), pp. 491 – 521.

[99] Raghunandan K., Rama D. V., SOX Section 404 Material Weakness Disclosures and Audit Fees. *Auditing: A Journal of Practice and Theory*, 2006, 25 (1), pp. 99 – 114.

[100] Riahi – Belkaoui A, *Accounting theory*. Boston: Cengage Learning EMEA, 1996.

[101] Reinganum M. R., Gangopadhyay P., On Information Release and the January Effect: Accounting-information Hypothesis. *Review of Quantitative Finance and Accounting*, 1991, 1 (2), pp. 169 – 176.

[102] Richardson S. A., Sloan R. G., Soliman M. T., Tuna I., Accrual reliability, earnings persistence and stock prices. *Journal of Accounting and Economics*, 2005, 39 (3), 437 – 485.

[103] Roghunothon B., Premature Signing-off of Audit Procedures: An Analysis. *Accounting Horizons*, 1991, 5 (2): pp. 71 – 79.

[104] Romanus R. N., Maher J. J., Fleming, D. M., Auditor Industry

Specialization, Auditor Changes, and Accounting Restatements. *Accounting Horizons*, 2008, 22 (4), pp. 389 – 413.

[105] Rozeff M. S., Kinney W. R., Capital Market Seasonality: The Case of Stock Returns. *Journal of Financial Economics*, 1976, 3 (4), pp. 379 – 402.

[106] Schwartz S., *Beyond Individualism-collectivism: New Cultural Dimensions of Values. In: Individualism and Collectivism: Theory, Method and Applications*. Sage, Newbury Park, CA, 1994, pp. 85 – 119.

[107] Shou Z., Guo R., Zhang Q., Su C., The Many Faces of Trust and Guanxi Behavior: Evidence from Marketing Channels in China. *Industrial Marketing Management*, 2011, 40 (4), pp. 503 – 509.

[108] Simunic D. A., The Pricing of Audit Services: Theory and Evidence. *Journal of Accounting Research*, 1980, 18 (1), pp. 161 – 190.

[109] Sinha N., Fried D., Clustered Disclosures by Competing Firms: The Choice of Fiscal Year-ends. *Journal of Accounting, Auditing & Finance*, 2008, 23 (4), pp. 493 – 516.

[110] Smith D. B., Pourciau S., A Comparison of the Financial Characteristics of December and non – December Year-end Companies. *Journal of Accounting and Economics*, 1988, 10 (4), pp. 335 – 344.

[111] Srinivasan S., Consequences of Financial Reporting Failure for Outside Directors: Evidence from Accounting Restatements and Audit Committee Members, *Journal of Accounting Research*, 2005 (43), pp. 291 – 334.

[112] Stanley J. D., De Zoort F. T., Audit Firm Tenure and Financial Restatements: An Analysis of Industry Specialization and Fee Effects. *Journal of Accounting and Public Policy*, 2007, 26 (2), pp. 131 – 159.

[113] Schick A., Does Budgeting Have a Future. *OECD Journal on Budgeting*, 2002, 2 (2), pp. 8 – 10.

[114] Sweeney J. T., Summers S. L., The Effect of the Busy Season Workload on Public Accountants' Job Burnout. *Behavioral Research in Accounting*, 2002,

14（1），pp. 223 – 245.

［115］Tabellini G. , The Scope of Cooperation: Values and Incentives. *Quarterly Journal of Economics*, 2008, 123, pp. 905 – 950.

［116］Teoh S. H. , Wong T. J. , Perceived Auditor Quality and the Earnings Response Coefficient. *Accounting Review*, 1993, pp. 346 – 366.

［117］Trompenaars F. , *Riding the Wave of Culture.* London: The Economist Books, 1993.

［118］Wang H. B. , Accounting Information Uncertainty: Evidence from Company Fiscal Year Changes. *Journal of Finance and Accountancy*, 2011, 8（12）, pp. 1 – 18.

［119］Weygandt J. J. , Kieso D. E. , *Financial Accounting.* John Wiley & Sons, 2005.

［120］Willett C. , Page M. , A Survey of Time Budget Pressure and Irregular Auditing Practices Among Newly Qualified UK Chartered Accountants. *The British Accounting Review*, 1996, 28（2）, pp. 101 – 120.

［121］Williams D. D. , Dirsmith M. W. , the Effects of Audit Technology on Auditor Efficiency: Auditing and the Timeliness of Client Earnings Announcements. *Accounting, Organizations and Society*, 1988（9）, pp. 487 – 508.

［122］Williamson, O. E. , *Markets and Hierarchies: Analysis and Antitrust Implications.* Washington: Free Press, 1975.

［123］Williamson, O. E. , Transaction-cost Economics: The Governance of Contractual Relations. *Journal of Law and Economics*, 1979, 22（2）, pp. 233 – 261.

［124］Williamson, O. E. , *The Economic Institutions of Capitalism.* Washington: Free Press, 1985.

［125］Zak P. J. , Knack S. , Trust and Growth. *Economic Journal*, 2001, 111（470）, pp. 295 – 321.

附录 1：调研问卷

第一部分　针对财务报告呈报方的调研问卷

中国会计年度问题研究调研问卷
（问卷 A）

尊敬的嘉宾：

您好！我们正在进行会计年度起讫日期研究。按照我国《会计法》的规定，"我国会计年度自公历 1 月 1 日起至 12 月 31 日止"，与我国财政预算年度保持一致。目前，世界上大多数国家给出政府指导的会计年度起讫日期，但允许企业根据自身需要来确定会计年度的起止日期。我国财会实务界中存在向国际趋同的呼声。本调查拟收集财务报告呈报方关于会计年度国际化趋同的看法。本次调查问卷属于不记名调查。调查取得的信息仅用于学术研究，不用于任何商业用途和新闻宣传，敬请您按照实际情况填写。

希望能够占用您 3~5 分钟的时间填写问卷，您的答案对我们的研究非常重要，感谢您的参与和支持！

基本信息：请选择一项，在□内打√。

一、基本信息调查篇

1. 您所在的行业：（单选）

□农、林、牧、渔业　　　　　□制造业

□采掘业　　　　　　　　　　□建筑业

□交通运输、仓储业　　　　　□信息技术业

□批发和零售贸易　　　　　　□电力、煤气及水的生产和供应业

□金融、保险业 □房地产业

□传播与文化产业 □综合类

□社会服务业 □其他行业

2. 您所在企业最近三年的平均销售收入为（人民币元）：（单选）

□5 亿元以下 □5 亿至 10 亿元

□10 亿至 50 亿元 □50 亿元以上

3. 您所在企业的性质为：（单选）

□国有企业 □中资民营企业

□外商独资企业 □中外合资企业

□其他_____

4. 若您所在企业的母公司为境外公司，母公司采用的会计年度为：（单选）

□公历会计年度

□自由会计年度（具体）_____

5. 您所在企业年报的呈报部门或机构：（多选）

□税务部门 □财政部门

□统计部门 □证券交易所

□银行等债权人 □其他_____

6. 您所在企业年报呈报时间受部门或机构的影响程度：（1~6 排序）

□税务部门 □财政部门

□统计部门 □证券交易所

□银行等债权人 □其他_____

二、关注程度篇

7. 您认为目前在企业内部，会计年度起讫日期改革这个话题被关注的程度符合下列哪个选项的描述？（单选）

□几乎没有人关心这个话题

□大部分人都不怎么关注这个话题

□只有一小部分从业人员专注这个话题

□大部分从业人员都在关注这个话题

□大家都很重视这个话题

□大家都认为这是一个在财会工作中不可或缺的话题

8. 您所在的公司在董事会财务报表审议及投资者问答等活动中，会涉及对会计年度与会计工作关系的探讨吗？（单选）

□经常探讨　　□有时探讨　　□很少探讨　　□从不探讨

9. 您与同事在日常工作中是否会涉及对会计年度与会计工作关系的探讨？（单选）

□经常探讨　　□有时探讨　　□很少探讨　　□从不探讨

三、公历会计年度影响篇

10. 您认为以公历年度为会计年度的方式对您公司是否造成不利影响？（单选）

□重大影响　　□较大影响　　□较少影响　　□没有影响

11. 您认为以公历年度为会计年度的方式对您的工作是否有不利影响？（单选）

□重大影响　　□较大影响　　□较少影响　　□没有影响

12. 您认为您公司采取以公历年度为会计年度的方式主要受到哪些因素的不利影响？（多选）

□业务季节性因素　　　　□春节长假因素

□年报编报及审计因素　　□其他＿＿＿＿＿＿＿＿

13. 您认为影响会计年度选择的因素有哪些？（多选）

□会计结账便利　　　□公司年度审计安排

□同行业年度选择倾向　□业务季节性

□与母公司协调　　　□其他＿＿＿＿＿＿＿＿

四、对统一会计年度起讫日期管制的评价篇

14. 在"自由会计年度起讫日期"和"统一会计年度起讫日期"的比较中，您认为下列哪个选项的描述，最符合大家在日常工作中对"自由会计年度起讫日期"话题的认识：（单选）

□ "自由会计年度起讫日期"和"统一会计年度起讫日期"各有利弊，无法区分二者的重要程度；

□ "自由会计年度起讫日期"虽然更灵活，但是由于日前使用还不够广泛，因此，重要性不及统一会计年度起讫日期；

□ "自由会计年度起讫日期"虽然更灵活，但是由于日前业内对它的认识还不完全一致，因此，重要性不及"统一会计年度起讫日期"；

□ "自由会计年度起讫日期"虽然更灵活，但是目前只是个参考话题，因此，重要性不及"统一会计年度起讫日期"；

□ "自由会计年度起讫日期"虽然更灵活，考虑因素更充分，能够弥补"统一会计年度起讫日期"话题的缺陷，因此，比"统一会计年度起讫日期"话题更重要。

五、对会计年度起讫日期潜在变革的态度篇

15. 您认为会计年度起讫日期改革可能影响到企业运作中的哪些方面？（多选）

□ 财务报告　　　　　　　□ 财务战略

□ 投资管理　　　　　　　□ 现金流量管理

□ 税收筹划　　　　　　　□ 成本控制与预算管理

□ 风险管理　　　　　　　□ 内部控制

□ 供应链管理　　　　　　□ 业绩评价

□ 决策支持　　　　　　　□ 融资管理

□ 人力资源管理　　　　　□ 其他_____

16. 如果允许您所在的企业自由选择会计年度起讫日期，您会考虑哪些方面的问题？（多选）

□ 企业经营周期　　　　　□ 企业规模

□ 企业性质　　　　　　　□ 企业注册地

□ 其他_____

17. 如果允许您所在的企业自由选择会计年度起讫日期，您可能会选择哪些月份？（最多选择两项，并请在横线上填写具体日期）

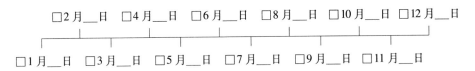

□ 2 月__日　□ 4 月__日　□ 6 月__日　□ 8 月__日　□ 10 月__日　□ 12 月__日

□ 1 月__日　□ 3 月__日　□ 5 月__日　□ 7 月__日　□ 9 月__日　□ 11 月__日

感谢您的参与，问卷调查到此结束，谢谢！

第二部分　针对财务报告审计方的调研问卷

中国会计年度问题研究调研问卷
（问卷 B）

尊敬的嘉宾：

您好！我们正在进行会计年度起讫日期研究。按照我国《会计法》的规定，"我国会计年度自公历 1 月 1 日起至 12 月 31 日止"，与我国财政预算年度保持一致。目前，世界上大多数国家给出政府指导的会计年度起讫日期，但允许企业根据自身需要来确定会计年度的起止日期。我国财会实务界中存在向国际趋同的呼声。本调查拟搜集财务报告呈报方关于会计年度国际化趋同的看法。本次调查问卷属于不记名调查。调查取得的信息仅用于学术研究，不用于任何商业用途和新闻宣传，敬请您按照实际情况填写。

希望能够占用您 3~5 分钟的时间填写问卷，您的答案对我们的研究非常重要，感谢您的参与和支持！

基本信息：请选择一项，在□内打√。

一、基本信息调查篇

1. 您所在事务所的性质：（单选）

□ "国际四大" 成员所①　　　　□ "本土八大" 成员所②

---

① "国际四大" 成员所为四家在全球范围内开展业务且年度营业收入超过 200 亿美元的会计师事务所在中国内地的分支机构，分别为普华永道中天、德勤华永、安永华明、毕马威华振。
② "本土八大" 成员所由注册于中国的八所本土会计师事务所构成，分别是瑞华、立信、天健、信永中和、大华、大信、致同、天职国际。

□其他国际事务所　　　　　　　□其他本土事务所

2. 您目前在事务所中担任何种职位：（单选）

□合伙人　　　　　　　　　　　□高级经理

□事务所部门经理　　　　　　　□基层审计业务

3. 您目前在事务所业务范围包括：（多选）

□会计服务　　□审计服务　　□税务服务　　□法律咨询

□人力咨询　　□管理咨询　　□财务顾问　　□资产评估

□验证企业资本，出具验资报告

□办理企业合并、分立、清算事宜中的审计业务

□基本建设年度财务决算审计

□代理记账

□会计咨询、税务咨询、管理咨询、会计培训

4. 您目前在事务所的审计业务在全年的分配是否均衡：（单选）

□非常均衡　　　　　　　　　　□一般均衡

□较不均衡（请在下面的线段中，勾选业务忙季的起止月份）

□很不均衡（请在下面的线段中，勾选业务忙季的起止月份）

□2 月	□4 月	□6 月	□8 月	□10 月	□12 月
□1 月	□3 月	□5 月	□7 月	□9 月	□11 月

二、关注程度篇

5. 您目前任职的会计师事务所中，会计年度起讫日期改革这个话题被关注的程度符合下列哪个选项的描述？（单选）

□几乎没有人关心这个话题

□大部分人都不怎么关注这个话题

□只有一小部分从业人员专注这个话题

□大部分从业人员都在关注这个话题

□大家都很重视这个话题

□大家都认为这是一个在审计工作中不可或缺的话题

6. 您所在的事务所在发展规划等活动中，会涉及对会计年度与会计工作关系的探讨吗？（单选）

□经常探讨　　　□有时探讨　　　□很少探讨　　　□从不探讨

7. 您与同事在日常工作中是否会涉及对会计年度与会计工作关系的探讨？（单选）

□经常探讨　　　□有时探讨　　　□很少探讨　　　□从不探讨

三、集中审计对审计师工作的影响篇

8. 在"自由会计年度起讫日期"和"统一会计年度起讫日期"的比较中，您认为下列哪个选项的描述，最符合大家在日常工作中对"自由会计年度起讫日期"话题的认识：（单选）

□"自由会计年度起讫日期"和"统一会计年度起讫日期"各有利弊，无法区分二者的重要程度；

□"自由会计年度起讫日期"虽然更灵活，但是由于目前使用还不够广泛，因此，重要性不及"统一会计年度起讫日期"；

□"自由会计年度起讫日期"虽然更灵活，但是由于目前业内对它的认识还不完全一致，因此，重要性不及"统一会计年度起讫日期"；

□"自由会计年度起讫日期"虽然更灵活，但是目前只是个参考话题，因此，重要性不及"统一会计年度起讫日期"；

□"自由会计年度起讫日期"虽然更灵活，考虑因素更充分，能够弥补"统一会计年度起讫日期"话题的缺陷，因此，比"统一会计年度起讫日期"话题更重要。

9. 证监会要求上市公司集中在一月至四月报送年报，由此带来的集中审计状况将给审计工作带来何种负面影响：（多选）

□工作负荷增大　　　　　　　□财务报告的复核难度增加

□审计工作出错可能性加大　　□关键程序可能无法执行

□审计工作质量标准自动降低

四、集中审计对审计师事务所发展的影响

10. 您认为集中审计给事务所业务带来何种负面影响：（多选）

☐工作时间难以合理安排　　　☐审计人员难以合理安排

☐审计业务不均衡导致资源闲置　☐应对突发事件适应性差

☐对被审计企业的适应性差　　☐影响审计、咨询等业务的拓展

☐其他_____

五、集中审计对被审企业的影响

11. 从事务所审计人员的角度看，您认为年报集中审计对被审企业不利影响的程度为：（单选）

☐重大影响　　☐较大影响　　☐较少影响　　☐没有影响

12. 从事务所审计人员的角度看，您认为被审计企业采取以公历年度为会计年度的方式主要受到哪些因素的不利影响？（多选）

☐业务季节性因素　　　　　☐春节长假因素

☐年报编报及审计因素　　　☐其他_____

六、会计年度改革对审计师工作的影响

13. 自由选择会计年度，由此带来的审计状况将给审计工作带来何种影响：（多选）

☐工作负荷变化　　　　　　☐财务报告的复核难度变化

☐审计工作出错可能性变化　☐关键程序执行变化

☐审计工作质量标准变化　　☐其他_____

七、会计年度改革对审计师事务所发展的影响

14. 您认为会计年度起讫日期改革可能影响到审计师事务所发展的哪些方面？（多选）

☐由于优质团队在特定时期内仅能接纳固定数量的客户，优质审计资源很难得到优化配置

☐财务战略　　　　　　　☐投资管理

☐现金流量管理　　　　　☐税收筹划

☐成本控制与预算管理　　☐风险管理

☐内部控制　　　　　　　☐供应链管理

☐业绩评价　　　　　　　☐决策支持

☐融资管理　　　　　　　☐人力资源管理

☐其他_____

八、变革态度篇

15. 从事务所审计人员的角度看，您认为会计年度起讫日期改革可能影响到企业运作中的哪些方面？（多选）

☐财务报告　　　　　　　☐财务战略

☐投资管理　　　　　　　☐现金流量管理

☐税收筹划　　　　　　　☐成本控制与预算管理

☐风险管理　　　　　　　☐内部控制

☐供应链管理　　　　　　☐业绩评价

☐决策支持　　　　　　　☐融资管理

☐人力资源管理　　　　　☐其他_____

16. 如果允许您所服务的企业自由选择会计年度起讫日期，您会考虑哪些方面的问题？（多选）

☐企业经营周期　☐企业规模　　☐企业性质　　　☐企业注册地
☐其他_____

17. 如果允许您所服务的企业自由选择会计年度起讫日期，您可能会选择哪些月份？（最多选择两项，并请在横线上填写具体日期）

☐2月__日　☐4月__日　☐6月__日　☐8月__日　☐10月__日　☐12月__日

☐1月__日　☐3月__日　☐5月__日　☐7月__日　☐9月__日　☐11月__日

感谢您的参与，问卷调查到此结束，谢谢！

附录 2：访谈提纲

关于中国会计年度问题的调研访谈

尊敬的嘉宾：

您好！感谢您接受我们的访谈。本次访谈主要有关您对会计年度截止日期的看法。本次访谈所有内容仅用于学术研究，并会对您的身份绝对保密。

我国《会计法》第十一条规定："会计年度自公历 1 月 1 日起至 12 月 31 日止"。按照会计法的规定，我国会计年度采用公历制，自公历 1 月 1 日起至 12 月 31 日止，这主要是为了与财政、税务、计划、统计等年度保持一致，从而便于国家宏观经济管理。目前，世界上大多数国家都允许企业根据自身需要，确定会计年度的起止日期，也有些国家设立多个会计年度供企业选择使用。本调查拟收集实务界关于会计年度的反馈。

根据《中华人民共和国统计法》第三章第十四条，在未获得您许可的前提下，我们会对您所提供的所有信息绝对保密。科学研究、政策分析以及观点评论中发布的是大量问卷的信息汇总，而非您个人、家庭、村/居的案例信息，不会造成您个人、家庭、村/居信息的泄漏。本轮调查为第一轮探索性跟踪调查，所有调查人员和督导人员都已经接受过严格的职业培训，了解《中华人民共和国统计法》《中华人民共和国保守国家秘密法》《中华人民共和国刑法》的相关内容，并严格遵守相关法律。

中国人民大学商学院

2016 年 5 月 19 日

采访对象：选择注册会计师及财务报告呈报者为访谈对象，样本为中国人民大学商学院 EDP 高管培训项目中会计师事务所的高级经理或合伙人、有

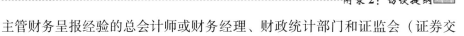

主管财务呈报经验的总会计师或财务经理、财政统计部门和证监会（证券交易所）工作人员、税务部门和银行等债权人、研究人员。

第一部分　针对财务呈报者的访谈
（提纲A）

2.1　影响会计年度选择的因素

Q2.1：如果可以自由选择会计年度，公司倾向于采用哪个时间点？在制定决策时，首先考量的因素是什么？（便于会计结账、契合同行业其他企业的选择倾向）。

2.2.1　便于会计结账

A 在企业存货最低时结账

B 在传统节假日前结账结账

2.1.2　同行业的年度选择倾向

A 倾向于与同行保持一致，以保持可比性；

B 相信同行业有与其他行业不同的特殊性（业务季节性、结算习惯）

（预期结论：

1. 如果选择便于会计结账，则说明企业更关注本企业的结账方便；

2. 如果选择同行业的年度选择倾向，则说明企业更关注和同行业保持一致据已有文献和本书结论，便于本企业结账是首选因素）

访谈者1：××（天津生态城产业园运营管理有限公司　会计）

淡旺季：

1. 旺季：12月~次年1月算旺季。因为年底（看房）年初（签署租赁合同）很多公司有扩大生产的需求和计划，年初的租赁面积比较多；

2. 淡季：下半年9~10月租赁面积比较小。

3. 因为本单位受到政策性比较强，政府意志导致有些客户在淡季也有入住。

选择：愿意选择9~10月结账。

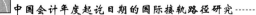

理由：

1. 这两年，国有企业不轻松，尤其是年底的时候比较忙。每个人的工作负荷比较大，所以我们的工作量在各个淡旺季不太明显。

2. 主营业务是写字楼的租赁。行业特点决定了有淡旺季，对于淡季结账来说，是有必要的。

附注：

我们单位有 30 多个人，将近有 10 亿元资产。

访谈者 2：×× （东方今典集团房地产公司　会计）

淡旺季：

旺季：9 ~ 10 月比较忙，年前销售也好；

淡季：上半年销售业绩不好。

选择：3 ~ 4 月结账比较好

理由：

1. 刚过完年开始一个完整的历程，不但和春节相匹配，而且对我们单位来说，淡季开头、淡季结束。

2. 如果在 12.31 结账，那么很多工作都会堵在那个日期进行，不方便也不合适。

访谈者 3：×× （大连农家乐农资配售有限公司　会计）

淡旺季：

1. 旺季：3 ~ 5 月是农业生产资料批发行业销售旺季

2. 淡季：剩下都是淡季。

选择：愿意选择 7 ~ 8 月结账。

理由：

1. 单位经营周期告一段落的时候进行结账比较合适。对我们单位来说，一般 5 ~ 6 月出货，9 ~ 10 月才开始进货。如果全年销售期结束后，7 ~ 8 月结账非常合适。

2. 我们的上游企业有很多制造业，他们在年底冲量的时候，会比较忙。

对于这些上游企业而言，如果他们人手比较紧的话，也不该在年底结账。

被访者 4：×× （湖北省襄阳市财政局　出纳）

淡旺季：

政府机关和事业单位的年底确实忙，基本上都是执行预算最紧张的时期，加班也特别频繁。

选择：春节后结账或者 8～9 月结账

理由：

1. 农历年后结账比较合适，因为这段时间也不算太忙，所以我们可以集中精力来做结账工作；

2. 8～9 月也是一个好时间：因为这时候不但业务量少，而且有些同事会选择在这个时候休年假，不会总有人打扰自己。

3. 12 月～次年 1 月结账不妥当。此期间内，领导最关注预算执行情况，而不是结账工作（如果不把钱花完，则要把财政拨款收回，且影响到下一年度的经费）。如果这个时间段内还要我们做结账工作，的确让人抓狂。虽然结账工作不会花太长的时间（如果把会计的工作也算上，一个周应该可以完成结账工作），但是年底总有杂七杂八的事情打扰自己，没法集中精力。

因此，我还是希望在稍微闲一点的时间结账。

被访者 5：×× （中化信托　证券信托事业部　财富管理　费用核准　会计）

淡旺季：

旺季：市场部的业务高峰期集中在每年的 5～7 月，这些月份的信托合同签订比较频繁；

淡季：12 月～次年 1 月

选择：12 月 31 日

理由：

1. 中化信托的主要业务是：证券信托、房地产、小微企业、家族信托，此外还有一部分外贸业务。市场部的业务高峰期集中在每年的 5～7 月，这些月份的信托合同签订比较频繁，金融产品后台的估值核算、费用核准、费用核算等一系列活动缺人手。

2. 但是到 12 月的时候就比较轻松，可以不太费时地完成结账工作。

3. 此外，由于现在不少金融企业构建了企业和银行直连系统，信托财务部门的资金拨付工作更加不费事了，信托管理费直接走银行流程，所以在这种错峰结账、直连系统的环境下，我们的结账工作还是挺轻松的。

被访者 6：××（碧桂园山东分公司　会计）

淡旺季：相对而言，房地产企业讲求"金九银十"，9~10 月比较忙。

选择：只要不是 12 月 31 日就行

理由：

1. 12 月 31 日结账严重影响了元旦放假，我知道的很多单位，财务部门都不能放假，都在元旦加班。

2. 11 月，忙完了，所以要选择这个时候结账。

被访者 7：××（世茂房地产合肥分公司　会计）

淡旺季：9~10 月是房地产市场的旺季；另外，一遇到开盘，我们的业务就多一点。

选择：5 月结账比较合适

理由：

1. 5 月的业务不多，结账比较方便。

2. 相比之下，11~12 月交房任务重。因为房子竣工备案之后，不少的客户交房日期往往在 12 月 31 日。踩着这个点要求我们结账比较累。

被访者 8：××（华为技术有限公司深圳总部　会计）

淡旺季：我们单位没有淡旺季，因为华为事情比较多，几乎没有清闲的时候。

选择：我愿意选择 6 月 30 日结账，设想的会计年度是 7 月 1 日~次年 6 月 30 日。

理由：

1. 我们是一个跨国公司，很多海外的客户和事业部从 12 月 31 日就开始放假，不方便联系。而且年底还有圣诞节，咱们中国人也是元旦放假，所以就比较累。

2. 相比之下，夏天的法定假日比较少，所以夏天结账比较妥当。

被访者 9：×× （大连国际机场财务部　会计）

淡旺季：北方机场的淡季一般是 11 月至次年 1 月，旺季是 7～10 月。

选择：还是选择 12 月 31 日结账。

理由：

1. 因为 12 月还不太忙，算是一个淡季。我们结账一般可以在 1 月 20 日～2 月上旬完成，不耽误过年。

2. 希望和航空公司保持统一。如果他们不改的话，我也不希望修改。因为一般合同签署都按照公历年度的，所以还需要和他们保持一致。

被访者 10：×× （中铁建设集团有限公司　会计）

淡旺季：基建工程一直比较忙，因为生产都是不断进行的，

选择：如果可以选择的话，我可能选择 1 月、4 月、7 月、10 月这几个月份。

理由：

选择会计年度，需要看营业收入，盘子、利润等一系列指标的大小。

1. 我们不但财务工作量大，且人手不足。主要原因是国企财务部门招聘了很多子弟，这些人基本上不能干活。导致其他财务人员天天忙得一团糟。对于财务人员而言，除了 5 月 1 日不用做决算，相对比较轻松。元旦和十一都需要做决算，也不加薪。

2. 年底肯定不行，因为需要进行清收清欠，编制成本预算表，需要近半个月。

3. 我选的这几个月份都是季度结束之后，此时的工作稍微轻松一些。因为从总公司层层下达指标到我们单位，要求每个季度最后一个月的 25 日进行

封账并从这一天开始结账，填一个简单的预测表。其实只要是封账以后，都能作为年度截止日期，都可以看到前一个阶段的利润、税金等指标，包括以前年度、本年、差累的。

综上，我觉得1月、4月、7月、10月这几个月份比较合适。

被访者11：××（万达集团　万千百货　会计）

淡旺季：旺季一般是重要节假日和购物黄金季节

选择：2月底、7~8月

理由：

1. 业务上要在季度末和年度末冲刺，导致年底杂事比较多。在业务部门比较忙的时间，他们会经常开会。通常情况下，也要拉着财务人员一起参加，很耽误时间。

2. 相比而言，日常的会计工作压力倒是不大，因为日常都是系统化的财务工作，不存在压力工作。

综上，只要不是年底或者各个季度末结账就行。

被访者12：××（云南省晋宁县国有资产经营有限责任公司）

淡旺季：我们单位的旺季一般在12月~次年1月。

选择：如果可以自主选择，我会选择2月底。

理由：

1. 年底不仅仅有财务工作，还会有其他工作（统计报表、年度总结）。如果可以晚点结账，我希望延迟两个月。

2. 此外，还需要考虑税的问题。5月，单位需要汇算清缴，这时候必须具有会计信息，所以必须提前准备好。

综上，我认为2月比较合适。

被访者13：××（社会团体　会计）

淡旺季：不存在淡旺季

选择：12月31日结账

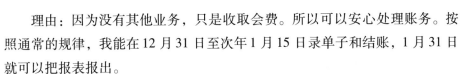

理由：因为没有其他业务，只是收取会费。所以可以安心处理账务。按照通常的规律，我能在 12 月 31 日至次年 1 月 15 日录单子和结账，1 月 31 日就可以把报表报出。

被访者 14：×× （中化信托 证券信托事业部 财富管理 费用核准 会计）

淡旺季：没有明显的淡旺季

选择：12 月 31 日

理由：根据行业特征考虑，我们资金结算集中于每个季度最后一月的 25 日。因为各个月的 25 日都做好了资金结算，所以哪个月份结账就显得无关紧要了。如果客户们都坚持 12 月 31 日结账，那我也会认为公历制比较合适。

被访者 15：×× （中粮信托 会计）

淡旺季：各月度比较平均

选择：3 月 31 日

理由：

1. 如果结账期是旺季，则有很多发票的开具时间可以灵活调整。本来是12月发生的业务，我可以让对方开到 1 月。因为合同已经签好了，人家可以放心的给我们开发票，这样就可以把收入和费用在两个年度之间随意转换。

2. 行业特征优先，金融行业比较特殊，要考虑金融周期的影响。一般而言，刚开年的时候业务量比较稳定，不会有大起大落，会给我们充分的调整时间。

1.2 统一年度起讫日期对会计结账工作的影响

Q1.2：如果 12 月 31 日恰为企业的经营旺季，统一会计年度会给公司财务呈报造成何种负面影响？

1.2.1 非故意差错

A 是否会增加年末结账的工作压力（成本、收入、商业账款等的核算量）

B 是否会简化减值测试的程序

C 是否会简化上报主管领导前的检查工作

1.2.2　故意差错

A 是否有动机浑水摸鱼

B 是否有动机借此规避监管

（预期结论：由于"旺季结账"的工作强度更大，财务报告编制工作出错的可能性加大，且为自己开脱罪责的动机更强）

第二部分　针对注册会计师的访谈
（提纲 B）

1.1　被调查者的背景特征

Q1.1：请简要介绍您所在事务所的主要业务、客户规模和企业性质（业务多样性、事务所规模和上市公司客户数量、事务所性质）

1.1.1　业务多样性

A 单一化业务（审计）

B 多元化业务（审计、财务咨询、人力资本、法律、运营咨询、风险、战略咨询、税务、信息技术咨询、工商注册登记、代账）

（预期结论：由于境内多数事务所业务单一，审计业务在全年不均衡，从而导致淡季的资源闲置）

被访者 1：××（德勤　审计　房地产能源组　有色金属业　AIC 级别，曾就职于普华永道）

德勤不但在财务、内部控制、税务、保险、企业管理咨询、顾问服务等各类业务上有细致分工，而且有四个按行业区分的项目组各司其职，各项目组对应的客户群相对固定。德勤分四个组（1 组：US GAAP TMT，约 200 人；2 组：房地产能源，越 350 人；3 组：金融组，约 220 人；4 组：其他行业，不足 200 人）。

分工较细的优势在于：做审计的时候，也能对客户潜在的风险提出可操作性的帮助，而本土所一般只关注于审计工作底稿和报告报出，很少对企业发展提出可行性方案，因此客户忠诚度较高。即便国家要求强制轮换，也很少对我们的客户群体造成影响。

被访者 2：×× （普华永道　审计　小企业组 A1）

普华永道按照企业规模，区分大企业组、小企业组、金融组，各组内部还有不同 Team，分工较细。相比本土所而言，有得天独厚的分工优势。

1.1.2　事务所规模和上市公司客户数量

A 小事务所

B 大事务所

（预期结论：小事务所的上市公司客户数量相对较少，审计扎堆更轻微；大事务所的上市公司客户数量相对较多，审计扎堆更严重）

被访者 3：×× （德勤，曾就职于立信）

因为德勤人手充裕，每个审计人员都有驻场工作的可能，不用东奔西走，工作相对更轻松；由于大事务所接的客户往往体量较大，能够给驻场审计人员提供较好的餐饮和办公环境，审计人员的精力更容易集中。

小事务所分工较差，常同时纠结于若干项目，让工作千头万绪，容易让审计人员焦躁不安。然而，年终报表审计也很少给小事务所，所以他们更多忙的是其他杂活。

被访者 10：×× （桐乡市申达会计师事务所所长，桐乡市方圆联合会计师事务所首席合伙人）

我们是小所，只能依靠大所。目前和大信所、北京立信所有密切合作，他们接来的单子，如果忙不过来的话，会分出来一部分给我们做。我们自己接到的单子往往不是报表审计，而是代账报税一类的事物。报表审计虽然也有，但为数不多，所以基本不存在扎堆情况。

1.1.3　事务所性质（本土所和外资所）

A 外资所

B 本土所

（预期结论：外资所更支持采用灵活多样的起讫日期；本土所更容忍统一起讫日期）

被访者3：××（德勤，曾就职于立信）

在对国际法律法规方面的熟悉方面，四大比本土所有明显优势。所以四大根据国际惯例制定了不同的基准日，比如德勤的国际会计年度基准日为每年5月31日，其他三个国际事务所也都集中于6~9月。

外资事务所在华客户中，有相当比例的外商投资企业和海外上市的内资公司。所以，外资所鼓励审计师报考海外的注册会计师资格考试。相比之下，为了适应部分国内业务，还得人为调整基准日，会引发一些牢骚。

被访者10：××（桐乡市申达会计师事务所所长，桐乡市方圆联合会计师事务所首席合伙人）

本土所从来不会质疑12月31日的合理性，这个问题我们从来没想过。但是如果真能像国外一样自由选择起讫日期，我们的客户可能更少了。因为如果不扎堆审计，大所就会降价，把我们挤垮了。

2.2 年报集中审计以及人员的任务分配

Q2.2：请从人员安排和工作强度方面，谈谈您所在的事务所是否适应现行的统一会计年度？

2.2.1 人员安排

A 集中审计对于一线审计从业人员工作安排的影响；

B 集中审计对于首席（高级）审计师、项目经理、合伙人工作安排的影响

（预期结论：

1. 大量的审计集中在1~4月，使年度审计工作难以安排；

2. 在年报集中审计的各个项目中，可能存在优质审计资源分布不均匀的现象）

被访者10：××（桐乡市申达会计师事务所所长，桐乡市方圆联合会计师事务所首席合伙人）

对于事务所和各团队的负责人来说，客户资源是最终关注的重点。集中审计会让我们的营销工作受到时间的约束。比如：都想获得大客户，谈生意是需要时间的。但是拿到生意后，掌控项目也需要时间。有时候感觉事情都集中在一起，忙不过来。

公司旺季如果在年审期间可能顾不上审计，相对来说耗时会多，但是也要看公司规模以及经营范围和内控管理规范。

2.2.2 工作强度

A 对于忙季结账企业，审计师的加班次数是否更多？

B 对于忙季结账企业，事务所索取的审计收费是否更高？

（预期结论：由于存在审计高峰期，加班可能增加事务所的成本）

被访者3：××（德勤，曾就职于立信）

审计是一个互相配合才能进行的工作，如果客户业务太忙，会计人员就可能顾忌不上和我们合作，他们工作一拖，我们也跟着拖。最后的结果就是临近报出时，他们才着急，我们跟着一起疯狂加班，审计质量可想而知。

被访者4：××（德勤 Consulting TI line 信息管理和数据库知识咨询）

德勤的信息管理和数据库知识咨询服务虽然和计算机无关，但是给客户提供了行业和宏观层面信息参考的渠道。一般来说，春节前的访问量会剧增，后台服务器的管理人员往往承受着一定的压力。

被访者10：××（桐乡市申达会计师事务所所长，桐乡市方圆联合会计师事务所首席合伙人）

一般年报审计收费就是根据你的资产和收入来计算的。同时，结合体量和派出人员级别以及需要的工时报价，和淡旺季没有必然关系。然而，如果旺季结账，可能会导致工作量增加，按道理是应该提升服务价格。

1.3 审计质量

Q1.3：本年12月31日结账日至次年4.30年报报出截止日之间的这个期间，恰为部分企业的经营旺季。请您从"会、审"人员之间的沟通和审计证据的获取，谈谈这类"忙季结账"企业的审计工作是否更具难度？

1.3.1 审计师与会计人员的协调沟通

对于忙季结账的企业，审计师与会计人员的协调沟通是否频率降低？

1.3.2 审计证据收回

A 对于忙季结账的企业，关键审计程序的执行是否受到影响？

B 对于忙季结账的企业，是否感到审计证据收回困难？

（预期结论：对于忙季结账的企业：

企业会计人员难以抽出充足时间配合审计师的工作；

为满足客户的时间要求，关键审计程序的执行可能被简化；

应收账款的函证可能有一定回收周期，在报告日前难以回收函证。）

被访者5：××（普华永道 小企业组）

内控和控制测试是很费精力的。如果客户不提供相应资料，这个程序只好糊弄一下了。做乙方的就是这样，要对客户点头哈腰。我们重点只能放在存货盘查方面，而非内控等方面。

被访者6：××（安永实习生）

财务部特别忙，没空搭理我们。他们也希望偷懒，而且往往在给审计人员回函等方面表现得特别明显。如果他的行为不太过分，回函差一张两张也就算了。如果他们忙得太厉害，给我们的资料也可能差得太多太严重。此时我们将会把邮件直接抄送给他们的上司，这样会计人员才会乖乖配合。

被访者7：××（曾就职于德勤，现就职于中粮信托）

领导要求我们关键的审计程序都要执行，并数次强调不能简化。但是我们只能死缠烂打着找客户要文件资料，感觉很没面子，有时候就懒得要了。客户都不重视，我们干嘛上赶着呢？

第三部分 针对财务报告外部使用方的访谈
（提纲 C）

3.1 财务报告外部使用方对现行统一历年制会计分期模式的意见

Q3.1：请谈谈统一历年制会计年度模式的先进性和局限性？

3.1.1 请您从财务报告外部使用者的角度谈一谈统一历年制会计年度的先进性和局限性

被访者 17：×× （某企业股东）

作为企业的股东也就是投资者，最希望的就是可以掌握自己投资的所有动向，统一的历年制会计年度可以在同一时间给我很多公司的财务报告，我可以通过对比来判断自己的投资是否正确；然而弊端就在于面对无数的公司年报，因为能力有限我可能不能有效地从中提取和分析财务信息，降低了其有用性。

被访者 18：×× （某银行）

统一的会计年度不利于某些特殊行业和企业的会计核算。随着市场经济的发展，企业的所有制结构、组织形式以及经营范围等方面都发生很多的改变，一些经营周期带有明显季节性的企业在会计核算上尤为不便。对于某些受季节性影响的上市公司，在注册会计师审计的过程中也受到很多不利的影响，很影响我们银行对于企业贷款的通过。

被访者 19：×× （某证券交易所）

统一的会计年度必然可以保证会计信息的可比性，但是存在的弊端也是越来越多。证券市场本身就是一个信息博弈的市场，防止信息泄露、提高信息披露的及时性是各国证券监管机构的努力方向。所有公司的年报披露都集中在前四个月，使得部分公司的年报披露时间过于延长，增加了提前泄露的可能性，不利于市场公平。

被访者 20：××（中国银行总行）

由于所有公司年报披露集中于报告次年公历年度的前四个月，促使银行在风控信息提取工作也集中安排在上半年度，反而促进了财务信息消化吸收的效率，并不会因工作堆积而造成信息消化不良。

被访者 21：××（国家税务总局收入规划核算司）

高度统一的会计年度有利于统计汇总，从而便于国家从宏观上全面监控经济运行走势。很明显，我们在工作中发现，如果统一会计年度，那么税务机关就更容易从下至上进行统计核算。尤其是基层税务机关，由于人手紧缺，不可能将不同时点的企业税收信息进行整合处理。

Q3.2：您对企业会计年度起讫日期的改革有何建议和期待？
3.2.1 您对统一历年制会计年度改革有哪些意见或建议？

被访者 22：××（国家税务总局）

我认为，在进行会计年度变革时，应将降低信息服务成本作为变革的关键。信息服务成本不仅包含为提供会计信息所发生的人力物力，还包括占用会计人员节假日休息时间的情感成本，以及经营旺季进行年终决算所可能发生的机会成本等。会计年度结束日应最大限度地合理避开业务高峰期和重要节假日，不仅可以降低以上所及的成本，还可以确保会计信息高质量。

被访者 23：××（国家统计局）

现行的会计年度在某种意义上讲师不便于国家宏观数据的统计工作的。从国家的角度讲，由于会计分期的起点恰好在某些行业的旺季，从中截断，其会计数据必然会导致统计时趋势分析图形的特征，不利于国家从宏观上准确把握国民经济的运转状况，从而影响国家政策的制定与实施，所以在进行会计分期改革时应着重关注这一方面，顺应大多数企业的经营周期。

被访者 24：××（财政部）

会计分期是会计基本前提之一，在会计理论上具有极为重要的意义。近年来，随着会计理论与实务的发展和经营业务事项的不断创新，会计分期受到了多方面的冲击，其合理性也遭到了质疑。在信息经济技术环境下会计信息可以实时生成，外部信息使用者可以通过网络随获取会计报告；还有在网络经济环境下，虚拟企业可能在一个极端的时间内完成一项交易然后解散，这些情况下实行会计分期都是很困难的。所以新的会计分期应该在整体上符合大多数企业的习惯，同时也要有针对性地满足创新业务的需求。

3.2.2　您过去是否做过关于会计年度改革的类似调研或参与过类似调研，能否提供调研结论。

被访者 23：××（×银行）

之前并没有做过关于会计年度改革的调研，这是第一次参加相关的调研访谈。作为银行的工作人员，自己本身对统一的历年制会计年度给工作带来的影响有很多的抱怨，但是经过这么多年的工作已经习惯了，身边的同事也都是嘴上抱怨年初时候工作强度大，忙完这个阶段也可以适当休息一下。

被访者 24：××（国家统计局）

之前没有做过关于会计年度改革的调研，一方面，因为本身的工作性质，一般都是同事之间有一些关于会计年度的看法，但是公历制会计年度是有国家立法支持的，我们只得改变自己去适应规定；另一方面，每一个制度都存在好的一面和坏的一面，只要这个制度能够为整个市场的正常运作起到一定的作用，我们工作人员也需要做到趋利避害。

被访者 25：××（国家税务总局）

之前没有做过关于会计年度改革的调研，也没有参与过类似的调研。人为划分会计年度的弊端已经被业界认知很多年了，但是迄今为止在学术界一般都将调研的重点放在年报信息呈报者还有会计师事务所上面，而且至今也没有看到具体的进行改革的提案。大家对此虽有自己的想法，但是基本上都是一种司空见惯的态度。

3.3 对财务差错的容忍度

Q3.3：主管部门对"旺季结账"企业的财务舞弊是否具有更高的容忍度？

3.3 对企业财务报表或纳税申报表中相关数据错报（"忙中出错"）的容忍度

A 对"旺季结账（12 月 31 日恰为企业经营旺季）"企业财务差错的容忍度更高

B 对"淡季结账（12 月 31 日恰为企业经营淡季）"企业财务差错的容忍度更高

C 对两类企业的容忍度都高

被访者 26：×× （国家税务总局）

从企业纳税的角度来说，我们本身对于任何季度的相关数据的错报都是没有容忍度的。但是相对而言，我们对于企业经营淡季的企业财务差错的容忍度更高。企业淡季的业务往来并不频繁，并不会对整体的财务报告构成重大影响，对于纳税的数额也不会造成较大的影响，只要不影响到企业社会责任的履行，我们对于错报是有相对的容忍度的。

被访者 27：×× （国家统计局）

"忙中出错"是每个主体都会犯的错误，我们本身的统计工作也会存在这种情况。我认为，我们对两类企业的容忍度都很高。单就旺季结账的企业本身而言，在旺季阶段就有很多的业务往来，还要增加会计的工作量来进行结算工作，会出现人员安排不合理带来的绝对差错，这种差错在之后年度的年报中会进行自然的更改，对于统计工作没有重大影响。

被访者28：××（财政部）

从国家宏观经济管理的角度来说，我们对于企业财务舞弊行为导致的差错的容忍度是零容忍的。但是由于工作人员工作压力导致的差错我们是可以容忍的。企业经营淡季按道理说是没有过多的业务往来的，财务工作人员的工作相对较轻，这个时候很适合企业安排人员进行结算工作，所以我们对于企业淡季的财报差错是没有什么容忍度。

Q3.4："忙季结账"企业的财务信息是否有更高的概率受到税务稽查？
3.4 "忙季结账"企业的信息含量

在制定税收计划、稽查选案、纳税评估过程中，"忙季结账"企业的财务信息是否会被认为具有更低的可靠性以及可持续性？

被访者29：××（海淀区国家税务局稽查局）

在总局给我们的稽查选案指导意见中，并没有年度结账时间和企业经营周期是否相符这么一项，所以企业是否忙季结账不会被放入我们的稽查选案模型中。你上次提出这个问题后，我也问过我们局里面的业务尖子，他们说查账过程中并没有发现忙季结账和淡季结账的企业有什么本质不同，有可能这个问题只存在于理论中吧。

被访者30：××（××税务局）

在我们传统的印象中"忙中出错"是必然性概率事件，但是作为概率事件，还有不出错的可能性，我们需要对企业中的会计工作人员保持一定的信心，相信他们的专业素养和工作经验足够可以避免差错的出现，我们也有足够的信心相信，在忙季结账的企业同样可以提供更高可靠性和可持续性的财务信息。

被访者31：××（××税务局）

无论是在企业的忙季或者淡季，企业财务信息的可靠性和可持续性都是检验一个企业是否是有社会责任感的企业的一个标准。"忙季结账"的企业确实在有些时候有一些财务信息上的差错，但只要不是人为因素弄虚作假造成的差错，都不会对财务信息的可靠性以及持续性构成负面的影响。当然，我们还是会对企业的财务信息用批判性的眼光来审视，以保证财务信息的事实真实性。

Q3.5：对于"忙季结账"企业的财务信息是否有差错的辨识度？

3.5.1 银行方面是否对"忙季结账"企业的财务信息差错具有较高的辨识

被访者32：××（××银行）

银行可以说是每个企业最大的债权人，银行自身为了保证自己资金的安全性，自然会对申请贷款的企业进行严格的风险测试和评估。所以无论是什么样的企业的财务信息差错，我们银行的工作人员都保持着很高的警惕性和辨识度。

被访者33：××（××银行）

我们银行有很多的专业型人才，负责风控的人员也都是有着丰富的工作经验。不管是忙季结账还是旺季结账的企业，我们都有专门的工作人员来进行财务信息的审查，尤其是针对财务信息出错可能性大的企业，我们还会进行多次的财务信息审查，以确保我行资金流动的绝对安全，防范和控制金融风险。

被访者34：××（××银行）

对于像我们银行这样的财务报告使用者来说，统一的历年制会计年度导致年报集中于年初披露，本身就不利于我们进行财务信息的提取和分析，对于那些忙季结账的企业来说，频繁的业务往来加之年终的结算，会计人员的工作之艰难也是我们可以理解的，所以我们会给予忙季结账的企业的财务信息更多的关注度，但是也不会放松对淡季结账企业的关注。对于差错的辨识度因为有专业的人才，所以这个方面不用担心。

3.5.2 普通投资者方面是否对"忙季结账"企业的财务信息差错具有较高的辨识

被访者 35：×× （××普通投资者）

作为普通的投资者，并没有很多的专业知识，只是这些年一直在进行投资，积累了一些经验，对于企业非故意因素导致的财务信息差错可以有一定的辨识度，但是面对企业高端财务人员进行的财务数据造假还是没有什么辨识的。

被访者 36：×× （××股东）

按照证券监督管理机构的规范要求，董事会会议材料至少需要提前十天送达与会人员，但是实际情况并不会这么乐观，绝大部分公司在董事会前一天晚上仍在赶做年报。我们这些股东更是不能及时的了解年报材料，更不用提充分消化这些数据，可想而知我们对于忙季结账的企业财务信息哪有什么差错的辨识。

被访者 37：× （××股东）

那些忙季结账的企业的董事会，较大部分都是在没有充分消化公司年报材料的前提下进行决策的，决策的质量可想而知，我这样的小股东对于这样的企业的治理水平和管理水平持怀疑的态度，由于自身又没有什么过硬的专业知识，所以在进行选股投资的时候都会刻意避开忙季结账的企业。

3.5.3 证券监管方面是否对"忙季结账"企业的财务信息差错具有较高的辨识

被访者 38：× （中国证券监督管理委员会上市部）

年度报告是公司信息量披露的最大的报告，各国证券监督机构对于公司年报的监管都是慎之又慎。证券市场是一个信息博弈的市场，证券监管机构有义务对于公司的财务信息进行差错的识别，以促进市场竞争的公平。

被访者 39：× （S 证券交易所）

法定会计年度对于信息披露质量和证券市场规范是有一定程度的不利影响的，这是我们工作人员都知道的一个事实。所以在每年年初所有的公司年报都集中披露的时候，我们会刻意关注那些忙季结账的企业的会计信息质量是否经由正规会计师事务所审计，我们也有专业的人才进行一定程度上的针对性辨识。

被访者 40：× （S 证券交易所）

采用现有的统一的历年制会计年度，对于证券交易所来说是一个极大的挑战。每年的 1~4 月是公司年报集中披露的时间段，我们工作人员面对如此大量的年报披露也是有很大的压力的，市场更是对这些公司信息有消化不良的趋向，接下来又会出现 7~8 月的信息真空期，这种暴饮暴食的现象很不利于证券市场的健康与稳定发展，也不利于我们市场对于财务差错的辨识。

第四部分　针对研究人员的访谈
（提纲 D）

Q4.1：请谈谈统一会计年度起讫日期的先进性和局限性，以及怎样着力建设立体化、多元化的截止日期指导体系。

4.1.1　请您分别谈谈统一会计年度起讫日期的先进性和局限性。

被访者 41：×教授 （Z 大学商学院会计系）

虽然会计作为经济信息系统的观点也被人们逐步接受，但是会计更是作为一项服务于企业内部管理，对管理层业绩进行评价的功能而存在。从财务报告的基本功能来看，由于其定期性和通用性，难以对所有的报表使用者予以逐一满足。

被访者 42：×教授（Z 大学商学院会计系）

虽然统一的历年制会计年度导致年报集中于年初披露，不利于股票投资者等信息使用者从中提取和分析财务信息，降低了财务报告的有用性，大量信息集中在前四个月涌入证券市场有可能会导致股票投资者信息消化不良，但却有助于确保会计信息的可比性。

被访者 42：×教授（Z 大学商学院会计系）

统一会计年度的先进性在于我国现行会计年度是计划经济的产物，是与计划经济管理相适应的，与我国的财政、税务、计划、统计等年度保持一致，便于国家宏观经济管理。然而随着我国外向型经济和资本市场的迅速发展，统一会计年度的局限性便凸显出来，无论是对年报信息的呈报者、注册会计师，还是财务报告外部使用方来说，都带来了很多不利影响。

4.1.2 请您谈谈如何强化关于会计年度起讫日期方面的立法工作，怎样着力建设立体化、多元化的截止日期指导体系。

被访者 41：×教授（Z 大学商学院会计系）

就目前国家发展的形式来看，对现行企业会计年度进行改革已经十分必要。重中之重的是在立法工作上做到同步，同时为了强化立法工作的实施，还需要国家发改委、财政部、国家税务总局、国家统计局以及工商行政管理等部门密切配合，注意各部门间协调，以最大化避免因改变企业会计年度而造成的宏观管理使用会计信息的不便。

被访者 42：×教授（Z 大学商学院会计系）

会计年度本身就是基于会计分期前提的人为划分，目前世界上大多数国家是允许企业根据自身需要确定会计年的起止日期的，也有部分国家设立多个会计年度供企业选择使用。在我国国有经济占主体地位的国情下，企业会计年度改革首先应定位于符合国家宏观经济管理的需求，其次再考虑其他有关方面的需求。

被访者43：×教授（Z大学法学院基础法学教研中心）

改革现行企业会计年度，近年来在我国的各个学科领域都得到了一定的关注。从某种意义上说，改革并不缺乏现实的需求，关键在于是否具备成熟的条件。对我国企业会计年度进行改革，宏观层面主要面临法律保障、整体协调等方面的制约，也就是说在宏观上至少需做到对《会计法》等法规制度的相关规定进行修改，以确保企业会计年度改革的真正落实具有法律上的效力。

Q4.2：请谈谈会计分期在理论及实务中的价值，以及对非公历制会计分期的探索。

4.2.1　请您从学术的角度谈谈会计分期对于理论及企业实践的价值

被访者41：×教授（Z大学商学院会计系）

会计分期无论是在理论还是实务中，都扮演着很重要的角色。企业对外提供会计信息遵循着统一的会计期间，采用了统一的会计报告方式，便于使用者阅读和理解。如果离开统一的会计分期，各个企业各自为政，不利于外部信息使用者进行信息比较。

被访者42：×教授（Z大学商学院会计系）

企业在持续的经营活动中需要定期将其财务状况进行总结和分析，并与往期的数额进行比较，进而制定进一步的发展战略。企业会计准则对此也有规定，在编制财务报表时企业至少提供可比期间的数据，以增强会计信息对决策的有用性，也充分体现会计信息处理的可比性原则和一致性原则。

被访者44：×副教授（Z大学商学院会计系）

会计分期一个重要的作用就是给企业投资者带来便利。投资者投资的目的是希望通过投资尽快地获利，而不是等到企业清算的时候才知道投资所得是盈是亏。通过会计分期，投资者可以掌握企业特定期间内的经营成果和财务变动情况，从而及时判断投资的回报前景并进行相关的决策。

4.2.2　请您从理论和实践谈谈您对非公历制会计分期的意见或建议

被访者41：×教授（Z大学商学院会计系）

在理论研究方面，有些学者提出取消会计分期的建议。我个人认为，不管是在理论上还是在实践中，取消会计分期都是不可行的，我们需要做的是寻求更适合我国国情、更加具有相关性、更加人性化、更加合理化的会计分期。由于我国有春节假期的这一特殊情况，采用统一的非公历制会计分期会更有利于各个部门会计工作的进行。

被访者44：×副教授（Z大学商学院会计系）

根据我国目前公历制会计年度，年度终了进行年终决算时，正好赶上我国最重要的传统节日春节。对于会计人员来说，春节回家团聚还是加班工作确实是两难选择，而且不利于会计信息质量的保证。我认为，在会计年度上面可以效仿英国、日本等国家，将每年4月1日至下年的3月31日定为一个会计年度，这样就可以避免节日带来的难题。

被访者45：×副教授（Z大学商学院会计系）

公历制会计分期是我国计划经济时期的规定，现如今随着我国经济的飞速发展，是否选择公历制会计年度是一个很值得商榷的问题。理论来说，我们科研工作者应科学分析大多是行业的经营周期和业务高峰期的分布情况，从有利于国家宏观数据统计、有利于企业经营、有利于提高会计信息质量的角度，充分考虑我国的实际情况，科学确定非公历制会计年度。

Q4.3：请谈谈在会计年度变革中的问题及其解决办法。

4.3　请您从学术角度谈谈会计年度变革中存在的问题及其解决办法

被访者41：×教授（Z大学商学院会计系）

即使会计年度进行了非公历制会计年度的改革，但是我国的财政年度还是公历年度，对于财政部、国家统计局等相关部门的会计工作仍存在年底工作大量堆积的问题。因此也应该考虑对我国财政年度的起止日期进行适时的改革。但是无论财政年度变抑或是不变，客观上都存在会计年度与财政年度的协调问题。因此如果国家一旦落实了对会计年度的变革，就必须出台相应文件，明确在会计年度变革中各政府部门的责任与义务，保证变革的顺利进行。

被访者42：×教授（Z大学商学院会计系）

为了保障会计年度变革的顺利进行，相关组织一定要做好在会计、统计技术上的配套支持。会计、统计软件开发商应适时而动提供可供选择的会计期间与统计期间的软件，并对原售出的软件进行相应的技术升级。

被访者43：×教授（Z大学法学院基础法学教研中心）

每一项变革都需要国家及时修改和制定相应的法律法规，为了会计年度变革的顺利进行，同样需要提供法律方面的保障。首先，要修改《会计法》相关规定；其次，财政部、中国证监会要出台相应的法规对会计主体选择和变革会计年度的行为予以规范；最后，财政部等部门还要制定相应的会计处理规范以应对会计年度变更可能引起的会计处理问题。

后　记

时光荏苒，岁月如梭。蓦然回首，不禁感慨万千。从中国人民大学会计系毕业已有几载，在研究中我留下了青春和不懈追求的脚印。

在中国人民大学会计系读博期间，我跟随戴德明教授长期研究会计收入确认、会计年度起讫日期等基础问题，专注于我国的"统一会计年度起讫日期"，具有理论和现实的重要性。一方面，从该研究的理论重要性上看，作为现代会计的一项基本前提，会计分期在发挥财务报告功能、达成财务会计目标方面起到了重要的作用，是会计核算工作的重要前提。如何确定理想的会计年度起讫日期历来是会计学家们关注的重点问题，也是会计计量中争论较多的问题之一。在会计准则国际趋同的背景下，如何协调我国和世界主要经济体之间的会计年度模式差异成为会计基础理论的重要研究话题。另一方面，从该研究的现实重要性来看，近年来多名来自注册会计师行业的政协委员呼吁采用更为灵活的会计年度模式，并受到了来自财务报告编制者、财务报告审计者、准则制定机构等社会多方的广泛关注。放弃统一历年制会计年度模式的理论依据是否充分，逻辑基础是否坚实，是否为会计报表编报和使用带来了不良经济后果等问题一直未有定论。

我关于会计年度模式之争的研究具有几个方面的特点：其一，依据"大胆假设、小心求证"的研究原则，本研究对会计年度模式的理论基础进行了系统梳理和阐释，并采用调研访谈和实证检验等多种研究策略，综合分析了各类会计年度模式对财务报告质量的影响，进而探寻中国会计年度模式的优化路径。其二，凭借"方法多元、相互支撑"的研究证据，研究说明我们在肯定自由起讫日期模式所存在优点的同时，也应结合我国经济社会发展的"新常态"来审慎选择适合我国制度环境的会计年度模式。其三，秉承"扎根中国、顶天立地"的学者初心，本研究不仅有助于更好认识会计四大假设之一的会计分期问题，为学术界和实务界透视我国上市公司会计年度与会计信息质量问题提供了一个新颖视角，而且对于我国进一步优化企业会计年度模式提供了决策参考。

这篇书稿的顺利完成，得益于我的恩师戴德明教授的悉心指导。戴老师治学严谨、学识渊博、思想深邃。他一丝不苟的学术态度和踏踏实实的处世态度为我营造了一种良好的学术氛围。戴老师不计较我的基础薄弱，将我召入师门中，给我攻读会计学博士的机会。在读博过程中，让戴老师费了不少心血。博一时，我因不知天高地厚，向戴老师表态要承担会计收入的研究话题。我把课后时间都用来泡图书馆读相关资料，但暑假撰写的会计收入专题提纲仍达不到合格水平，我低沉了很久，也对自己的能力有了重新认知。但是戴老师给予我谅解，不但没有责怪我，还鼓励我选择一个自己力所能及的话题作为研究方向。在生活方面，虽然工作了两年，但我待人接物仍然束手束脚，说话谈吐也把握不好分寸，不但难以比肩师兄师姐，甚至远不如师弟师妹。即便学术和处世都很笨拙，但是戴老师给予我足够的耐性和宽容，让我如感再造。在读博期间，置身他的精心教导下，我感受到戴老师对会计理论的精深把握以及对博士研究生正确发展目标的真切寄望；在师门讨论会中耳濡目染，我学会了从现实中提出有意义研究话题的科研原则；在面对面交流中潜移默化，我领会了真正属于会计学科的思想观念，树立了自己的学术态度。我坚信，这些宝贵的经历定会使我受益终身！感念戴老师的恩德，我期望用自身的努力给予全力的回报。

在本研究的选题过程中，叶康涛教授和周华教授给予了很大的启迪。在会计系博士论文开题环节，徐经长教授、宋建波教授、袁蓉丽教授给予了细致的指导和耐心的点拨。在博士论文写作过程中，靳新教授、赵西卜教授、李勤裕副教授给予了有益的建议和大力的帮助。在攻读博士学位期间，秦荣生教授、耿建新教授、许年行教授、张敏教授、戴璐副教授、吴武清教授、张博教授、高靖宇副教授都曾给予我诸多指导。同时，也感谢商学院给我们授课的各位老师，是你们妙趣横生、循循善诱的讲解使我接触到相关领域的最新研究成果与方法，为论文的完成打下基础。在即将完成博士学业之际，我谨代表我和我的家人向他们致以由衷的谢意！

我还要感谢扬州税院的陈亚希主任，鼓励我考博。我考上博士以后，向单位支付了三万元违约金。陈主任及其父母自掏腰包硬要塞给我三万块钱。因为我不肯要，您在扬州火车站大骂我。我在2013年9月9日从扬州来北京的Z30次列车上，泪流满面。

我更要感谢中国人民大学商学院的董小红、王放两位同学的大力支持。二位同学和我密切协作、朝夕相处，既是论文的亲密合作者，又是生活中的亲密朋友。正是由于我们建立了深厚的友谊和充分的互信，大家心甘情愿地彼此在资源上无条件共享，在生活上倾尽全力帮助彼此，成就了我们共有的一段终身难以忘却的友谊。还要感谢潘前进、唐好、李帆、莫冬燕、王茂林、李阳、张姗姗、孟杰、莫彩华、倪小雅、闫丽娟等同门的一路陪伴和相互鼓励，让我在博士期间不感到孤独，从而能静心科研。

最后，要深深地感谢我的父母。1998年爸爸因企业改制而在家待岗，2009年妈妈因为单位满员而被减员增效，家里至此失去固定经济来源。此后，爸爸去广州、武汉、北京等地做体力活谋生，母亲瘦小多病无法外出赚钱。2010年父亲得了严重的心脏病，至此放弃了外出打工的念头。在这种情况下，你们还节衣缩食地供养我读书，从不让我分心。家里唯一的旧自行车被人偷了，都舍不得重新买一辆。虽然爸爸有心脏病不能负重，妈妈腰疼也提不动重物，但父母买米买菜都是用手提好远，而且每次买菜都在集市要散的时候才去，只是为了价格便宜一点。然而，父母每次给我打电话都让我在食堂多买点肉吃，不要心疼钱。我每次来学校，父母都非要买一些家乡特产让我分给同学们吃。家乡一些对地位和金钱膜拜攀比的风气也让你们心理承受巨大压力。读博之初，街坊四邻还投给父母赞许目光。得知我毕业后想去从教，而不是去部委"做官"或者去央企金融机构赚大钱，街坊四邻的态度和评价是很微妙的。父母也能感受到，但支持我的职业选择。每次回到家，我的愧疚之心真是难以言表。我从来没向父母说过感恩的话，因为我不好意思说，可能这一辈子也说不出口。真从内心来讲，我觉得这已经不仅仅是感恩，是深深的亏欠！谢谢你们多年来给予我足够的耐心，苦苦等待我早日自立。你们无私的爱可谓是"溺爱"，但这种"溺爱"让我学会了人类最重要的品质，那就是感恩。感恩心理也是推动我完成学业的不竭动力。无论遇到什么打击和困苦，只要想着我要报答的人们，我就会如同喝了心灵鸡汤，平静地自我愈合。

我参加工作后，即便在北京打拼初期不容易，也定当全力报答师恩和父母恩。

谨以此书献给我的恩师和所有关心、帮助过我的人！

李 哲

二〇二五年二月于北京